utb 3507

Eine Arbeitsgemeinschaft der Verlage

Brill | Schöningh – Fink · Paderborn
Brill | Vandenhoeck & Ruprecht · Göttingen – Böhlau Verlag · Wien · Köln
Verlag Barbara Budrich · Opladen · Toronto
facultas · Wien
Haupt Verlag · Bern
Verlag Julius Klinkhardt · Bad Heilbrunn
Mohr Siebeck · Tübingen
Narr Francke Attempto Verlag – expert verlag · Tübingen
Psychiatrie Verlag · Köln
Ernst Reinhardt Verlag · München
transcript Verlag · Bielefeld
Verlag Eugen Ulmer · Stuttgart
UVK Verlag · München
Waxmann · Münster · New York
wbv Publikation · Bielefeld
Wochenschau Verlag · Frankfurt am Main

Kompetent lehren
Herausgegeben von Sabine Brendel

Band II
Eva-Maria Schumacher
Schwierige Situationen in der Lehre
Methoden der Kommunikation und Didaktik für die Lehrpraxis

Eva-Maria Schumacher

Schwierige Situationen in der Lehre

Methoden der Kommunikation und Didaktik für die Lehrpraxis
Mit Hinweisen zur Online-Lehre

2., aktualisierte und erweiterte Auflage

Verlag Barbara Budrich
Opladen & Toronto 2022

Die Autorin:
Eva-Maria Schumacher, Dipl.-Päd., Supervisorin, Rollenspielleiterin, Lehrtrainerin und Lehrcoach (DVNLP), Leiterin von Constructif

Bibliografische Information der Deutschen Nationalbibliothek
Die Deutsche Nationalbibliothek verzeichnet diese Publikation in der Deutschen Nationalbibliografie; detaillierte bibliografische Daten sind im Internet über https://portal.dnb.de abrufbar.

Gedruckt auf säurefreiem und alterungsbeständigem Papier.

www.budrich.de

utb-Bandnr.	**3507**
utb-ISBN	**978-3-8252-5635-7**
utb-e-ISBN	**978-3-8385-5635-2**

Online-Angebote oder elektronische Ausgaben sind erhältlich unter www.utb-shop.de.

Satz: Susanne Albrecht, Leverkusen
Umschlaggestaltung: Atelier Reichert, Stuttgart
Titelbildnachweis: Eva-Maria Schumacher
Druck und Bindung: Elanders GmbH, Waiblingen
Printed in Germany

Inhalt

Vorwort zur 2. Auflage

Als dieses Buch 2011 in seiner ersten Auflage erschien, war die virtuelle Realität, wie wir sie in unseren heutigen Alltags- und Arbeitsleben, in Schulen und Hochschulen seit dem Frühjahr 2020 erleben, noch unvorstellbar. Nun haben wir Anfang 2022 und fast alle Lehrenden wie Studierenden (wie eben auch die meisten anderen Menschen) gehen inzwischen flexibel und fluide, kreativ und mutig, manchmal auch genervt und von Nackenschmerzen geplagt mit der neuen Situation einer meist virtuellen Realität um. Durch diesen Digitalisierungsschub haben wir alle also ungeheuer schnell und vieles gelernt: von digitalen Tools über Methoden bis hin zu den Besonderheiten von digitalen, hybriden oder konventionellen Lehrkonzepten; viele von uns – Lehrende wie Lernende - mussten aber auch feststellen, wie zentral ein realer Kontakt von Person zu Person für ein gemeinsames Arbeiten ebenso wie für eine gute Lehre und ein gutes Lernen ist.

Auch wenn die Form sich geändert hat, der Kern der Lehre ist doch derselbe geblieben: Das Dreieck zwischen Wissen und Können, zwischen diesen und den Lehrenden wie Lernenden, aber auch die Beziehung zwischen Lehrenden und Lernenden selbst. Dabei geht es auf Seiten der Lehrenden darum, Lernanlässe zu schaffen und diese durch mündliche oder schriftliche Kommunikation vorzubereiten und umzusetzen, d. h. auch, mit Plänen flexibel und fluide umzugehen und diese an die studentische Zielgruppe und deren Lernprozesse anzupassen sowie auf vielfältige und differente Lern- und Kommunikationsstile einzugehen. Dieser Kern des Dreiecks, welches durch Kommunikation gestaltet wird, hat sich durch die Umstellung von Präsenz- auf digitale oder seine Mischform hybrider Lehre nicht geändert, seine äußere Form jedoch schon.

„Kommunikation“ ist die Basis, um Lernanlässe anzuregen, zu gestalten und zu unterstützen. Wenn aber Kommunikation nicht gelingt, sind „schwierige Situationen in der Lehre“ vorprogrammiert. Dies gilt gleichermaßen für die Online-Lehre wie für die Präsenzlehre. D. h. in den digital gestalteten Lernräumen zeigen sich bekannte Schwierigkeiten aus der analogen Kommunikation im neuen digitalen Gewand; es kommen in der digitalen Lehre aber auch neue Schwierigkeiten hinzu. Vom Umgang mit diesen vielfältigen „schwierigen Situationen“ handelt dieses Buch. Die Autorin hat aufgrund des Digitalisierungsschubes und der damit einhergehenden „schwierigen Situation in der Lehre“ die erste Auflage gründlich überarbeitet und um diese Perspektive erweitert.

Eva Maria Schumacher geht dabei von einer konstruktiven und ressourcenorientierten Haltung aus: Schwierige Situationen in der Lehre können als Lerngelegenheit für Studierende wie auch für Lehrende verstanden werden. In diesem Sinn sind die Ziele dieses Buches, Anlässe und Anregungen zu geben, über das eigene (Lehr-)Verständnis und (Lehr-)Handeln nachzudenken, die eigene Perspektive zu erweitern sowie neue Handlungsoptionen für einen konstruktiven Umgang mit schwierigen Situationen zu entdecken.

Die Autorin hat dafür ihr ursprüngliches Manuskript von 2011 gründlich überarbeitet, umfassend aktualisiert und erweitert. Das gilt sowohl für die Darstellung und Erörterung der theoretischen Grundlagen aus verschiedenen beruflichen Handlungsfeldern zu Störungen, Konflikten und Lernwiderständen als auch für den Umgang damit und die didaktische Prävention. Beides – die theoretische Fundierung wie die „reflektierte Praxis“ – hat sie mit einer Auswahl von praktischen, anonymisierten Beispielen aus ihrer langjährigen beruflichen Praxis als hochschuldidaktisch Tätige und Coach konkretisiert und theoretische Zusammenhänge mit zahlreichen eigenen Graphiken illustriert, bei Letzteren manchmal mit einem Augenzwinkern. Der praxisnahe Zugang des Buchs wird durch die Stimmen der Teilnehmer*innen aus hochschuldidaktischen Weiterbildungen und Coachings verstärkt.

Ich habe durch die mehrmalige Lektüre und intensiv-konstruktiven Diskussionen mit der Autorin Vieles wieder und neu gelernt. Ihnen, werte Leserinnen und Leser, wünsche ich Bereitschaft und Offenheit für den Blick auf den Umgang mit – nicht selten – unangenehmen Erfahrungen sowie eine anregende lehr- wie lernreiche Lektüre.

Dr. Sabine Brendel
Berlin im Februar 2022

Abbildungsverzeichnis

Tabellenverzeichnis

1 Einführung

Lehrende an Hochschulen und Universität sind mit unterschiedlichsten schwierigen Lehrsituationen konfrontiert und auch in dieser zweiten vollständig überarbeiteten Auflage ist das zentrale Anliegen der möglichst konstruktive Umgang damit. Fast alle Lehrende berichten im Laufe ihrer Lehrtätigkeit von der einen oder anderen schwierigen Lehrsituation, von Problemen, Konflikten oder Widerständen. Diese bewegen sich zwischen grundsätzlichen typischen Herausforderungen beim Lehren und Lernen bis hin zu extremeren, grenzüberschreitenden oder gar strafrechtlich relevanten Situationen.

Aufgrund der massiven Veränderungen an Universitäten und Hochschulen, die sich u.a. in der zunehmenden Diversität und Vielfalt von Studienangeboten, den Zugängen und der Studierendenschaft sowie durch die Internationalisierung und Digitalisierung zeigen, sind schwierige Lehrsituationen in einem zunehmend komplexeren Bedingungsgefüge verortet.

Hochschulen und Universitäten bewegen sich zudem in einem sich wandelnden gesellschaftlichen Rahmen, reagieren auf diesen und gestalten ihn mit. Themen wie die zunehmende Ungleichheit, Alltagsrassismus, Sexismus, Diskriminierung sowie der wieder erstarkende Antisemitismus bestimmen Ereignisse und Nachrichten. All dies trifft und betrifft auch Universitäten und Hochschulen, Lehrende wie Studierende. Diese sollen dazu befähigt werden, Probleme und zukünftige Herausforderungen im beruflichen wie im gesellschaftlichen Kontext zu lösen. Lehrveranstaltungen sind der Ort, an dem dies gelernt wird.

Die Überarbeitung des Buches fiel in die Zeit der globalen Covid-19-Pandemie. Hochschulen, Lehrende, Studierende sowie hochschuldidaktisch Tätige suchten ab dem Sommersemester 2020 nach Wegen wie Lehren und Lernen in Zeiten von Corona möglich ist. Durch die digitale Lehre, die durch das Abstandsgebot erzwungen war, wurden neue und vielfältige Möglichkeiten und Wege für Lehren und Lernen in Distanz entwickelt. Es zeigten sich aber auch neue - sowie alte - Schwierigkeiten. Die aktualisierte Auflage geht auch darauf ein und stellt als reflektierte Praxis vor, wie Lehrende in der synchronen Online-Lehre, also in digitalen Präsenzveranstaltungen, mit schwierigen Lehrsituationen umgegangen sind.

Schwierige Lehrsituationen in der Präsenz- und synchronen Online-Lehre sind vielfältig und der Umgang damit ebenso. Insofern stellt dieses Buch einen Versuch dar, diese Vielfalt abzubilden, einen Überblick an möglichen Störungen und Konflikte sowie erprobten und möglichen Lösungsansätzen zu geben. Dazu wurde die Fallübersicht aus der ersten Auflage aktualisiert, erweitert und in die Kapitel integriert. Die Fallbeispiele dienen der Veranschaulichung, ebenso wie die neuen Abbildungen, die von der Autorin erstellt wurden. Die Literaturhinweise laden zum Vertiefen der Konzepte und Modelle ein, die aufgrund des begrenzten Umfangs nur überblickshaft vorgestellt werden können.

Das Buch will Lehrende anregen, über schwierige Lehrsituationen und Konflikte nachzudenken, den bisherigen Umgang damit zu reflektieren, die vorgeschlagenen Maßnahmen, Strategien und Interventionen abzuwägen, zu erproben oder zu verwerfen. Dabei ist das zentrale Anliegen, aus schwierigen Lehrsituationen möglichst Lern- oder Erkenntnisprozesse zu machen, diese konstruktiv zu wenden, und dabei am und mit dem Widerstand zu lernen. Schwierige Lehrsituationen sind Lernanlässe und Lerngelegenheiten für Lehrende wie für Studierende.

Dank

Ich möchte dieses Buch allen Lehrenden widmen, die ich in den 20 Jahren meiner hochschuldidaktischen Tätigkeit begleiten und von und mit ihnen lernen durfte. Viele Beispiele sind in dieses Buch eingeflossen und sollen andere Lehrende inspirieren und zum exemplarischen Lernen einladen, aber auch beruhigen: denn anderen Lehrenden geht es mit bestimmten Situationen häufig ebenso. Trotz allem ist die Selbstreflexion wichtig, um die eigenen blinden Flecken zu erkennen und zu verstehen, wo das eigene Verhalten Konflikte oder Schwierigkeiten möglicherweise provoziert oder dieses behindert, nämlich Lernen zu ermöglichen, Studierende für zukünftige Herausforderungen zu befähigen, Potentiale zu entfalten und das gerade auch in schwierigen Lehrsituationen.

Dieses Buch wäre nicht möglich gewesen ohne die umfangreiche Unterstützung der Herausgeberin Dr. Sabine Brendel. Sie hat mich bei der Überarbeitung des Buches begleitet, mich in ernüchternden Phasen (siehe Kap. 2.3) ermutigt und mit ihren „supervisorischen Blick“ (siehe Kap. 4.3) zum Gelingen des Buches entscheidend beigetragen. Danke!

Zum Aufbau des Buches

Die Grundidee des Buches ist weiterhin, Sie als Lehrperson darin zu unterstützen, schwierige Lehrsituationen früh und deutlich wahrzunehmen, zu verstehen, sie (be)handeln und reflektieren zu können. Dieses Anliegen bezieht sich sowohl auf die Planung von Lehrveranstaltung, ihre Durchführung als auch auf die Nachbereitung und Reflexion, wie die Abbildung (Abb. 1) zeigt.

Abb. 1: Schwierige Lehrsituationen im Gesamtkontext

Im ersten Kapitel *Einführung* wird nach einer Annäherung an die Begriffe Störungen, Konflikte und Widerstand (Kap. 1.1) das 4-Faktoren-Modell der Themenzentrierten Interaktion als Grundmodell vorgestellt (Kap. 1.2). Es dient sowohl der Planung von Lehrveranstaltung als auch der Einordung und Analyse schwieriger Lehrsituationen. Dabei werden zwei zentrale Bereiche für den Umgang mit schwierigen Situationen in der Lehre vorgestellt, nämlich die didaktische Prävention sowie das Modell der Störungsstufen und Interventionen (Kap. 1.3). Dieses wurde von der Autorin für den Umgang mit Störungen und Konflikte in der Lehre entwickelt und bezieht sich auf didaktisch-methodische Interventionen als auch Strategien aus dem Konfliktmanagement (vgl. Schumacher 2011). Das Kapitel zeigt darüber hinaus, dass es im Studium vielfältige Kommunikationsanlässe gibt, in denen schwierige Situationen auftreten können. Lehren und auch das Lösen von Konflikten werden als Kommunikationsprozesse verstanden, die konstruktiv gestaltet, Lernen und Veränderung ermöglichen (Kap. 1.4).

Das zweite Kapitel *Didaktische Präventionen* widmet sich der didaktischen Dramaturgie und zeigt auf, was Lehrende bereits bei der Planung beachten und beim Start von Lehrveranstaltungen thematisieren können, damit schwierige Situationen verhindert bzw. der Umgang damit erleichtert wird. Die didaktische Prävention setzt sich aus einer sinnvollen didaktischen Dramaturgie (Kap. 2.1), einer angemessenen Lern- und Arbeitsvereinbarung (Kap 2.2) sowie der agilen Gestaltung von (schwierigen) Lernprozessen (Kap. 2.3.) zusammen. Das Kapitel beschreibt darüber hinaus typische fachliche und didaktische Herausforderungen sowie Schwierigkeiten, die das Lehren und Lernen bzw. Lehrveranstaltungsformate an sich betreffen können.

Das dritte Kapitel *Konfliktmanagement* widmet sich dem Umgang mit Störungen, Konflikten und Widerstand und stellt, neben Grundlagen aus dem Konfliktmanagement (Kap. 3), das Modell der Störungsstufen und Interventionen an typischen Fällen aus dem Lehralltag in seiner konkreten Anwendung dar. Zudem wurden in die Auflage weitere Modelle für den Umgang mit Widerstand und Einwänden aufgenommen (Kap. 3.3–3.6). Zum Ende dieses Kapitels wird auf extremere Situationen eingegangen, die zwar seltener auftreten, dafür aber erhebliche Konsequenzen haben können.

Im vierten Kapitel *Reflexion* werden Möglichkeiten vorgestellt, wie schwierige Lehrsituationen während und nach der

Lehrveranstaltung aus verschiedenen Perspektiven reflektiert werden können (Kap. 4.3). Es gibt darüber hinaus Anregungen zur Selbstreflexion und Selbstfürsorge (Kap. 4.1, 4.2, 4.4) Da Lehrende auch selbst zu Konflikten beitragen bzw. von ihnen persönlich betroffen sein können, sind neben der Selbstreflexion auch Unterstützungsmöglichkeiten wie kollegialer Austausch, Supervision oder Kollegiale Beratung wichtig. Das Kapitel wird mit einem Leitfaden zur Klärungshilfe für den Umgang mit schwierigen Lehrsituationen abgeschlossen (Kap. 4.5).

Das fünfte Kapitel *Zusammenfassung und Fazit* fasst die zentralen Aspekte der didaktischen Prävention sowie den Konzepten für den Umgang mit schwierigen Lehrsituationen anhand der Abbildung aus der Einführung zusammen (Abb. 24). Das Kapitel endet mit einem Überblick zentraler Modelle und Konzepte anhand der Kategorien *verstehen, handeln* und *reflektieren* zum Nachschlagen für die didaktische Prävention und den Umgang mit Störungen, Konflikten und Widerstand (Tab. 8).

Einige Hinweise

Bei der Betrachtung der obigen Abbildung (Abb. 1) lässt sich feststellen, dass die Beschreibungen der Lehrsituation zwischen den drei Bildern variieren. In der Vorbereitung hat die Lehrperson eine für sich optimale Vorstellung im Kopf, die sich in der Durchführung anders darstellt. Die Studierenden sitzen eher hinten. In der Beschreibung der Situation während der Reflexion zeichnet sich die Situation nochmal anders ab. Die Studierenden scheinen alle hinten gesessen zu haben.

Dieses Phänomen ist typisch bei der Beschreibung schwieriger Lehrsituationen: Wir fokussieren auf das Problematische und unsere Wahrnehmung ist verzerrt, sodass der Blickwinkel eingeschränkt wird. Insofern ist es Ziel dieses Buches, eigene schwierige Lehrsituationen zu reflektieren und diese aus verschiedenen Perspektiven und Ansätzen zu betrachten. Dies erweitert die eigene Wahrnehmung, fördert das Verständnis für schwierige Situationen und löst bestenfalls Ansatzpunkte für einen anderen Umgang damit. Eine schwierige Lehrsituation lösungsorientiert zu betrachten und einen konstruktiven Umgang damit zu finden, ist das zentrale Anliegen dieses Buchs.

Da sich dieses Buch speziell auf schwierige Lehrsituationen bezieht, erscheint es vielleicht an der einen anderen oder anderen Stelle eher pessimistisch und deprimierend. Man wundert sich fast, dass Lehren und Lernen trotz all der Schwierigkeiten jemals gelingen kann oder konnte. Zum Glück sind viele Lehrende nur selten oder weniger massiv von Störungen und Konflikten betroffen oder sie haben für solche Situationen bereits ihren Umgang damit gefunden und erleben sie deshalb nicht mehr als schwierig. Andere Lehrende berichten von schweren Konflikten, die im Fachbereich oder vor Gericht ausgetragen wurden, von solchen, die die eigene Karriere oder sogar die eigene Gesundheit massiv beeinflusst haben.

Von daher werden Sie dieses Buch, seine Überlegungen und Konzept sehr wahrscheinlich auf der Basis Ihrer eigenen Lehrerfahrungen, Lehrkompetenzen und Lehrüberzeugungen betrachten. Diese Erfahrungen sind voraussichtlich verschieden und können sich auf bisher eher erfreuliche oder eher schwierige Erfahrungen oder Konflikte beziehen. Eine erste Zuordnung macht die folgende Abbildung (Abb. 2) deutlich, die Sie zu einer ersten Reflexion einlädt. Solche Reflexionen gibt es im Verlauf der Kapitel immer wieder.

Abb. 2: Erfahrungen mit schwierigen Lehrsituationen

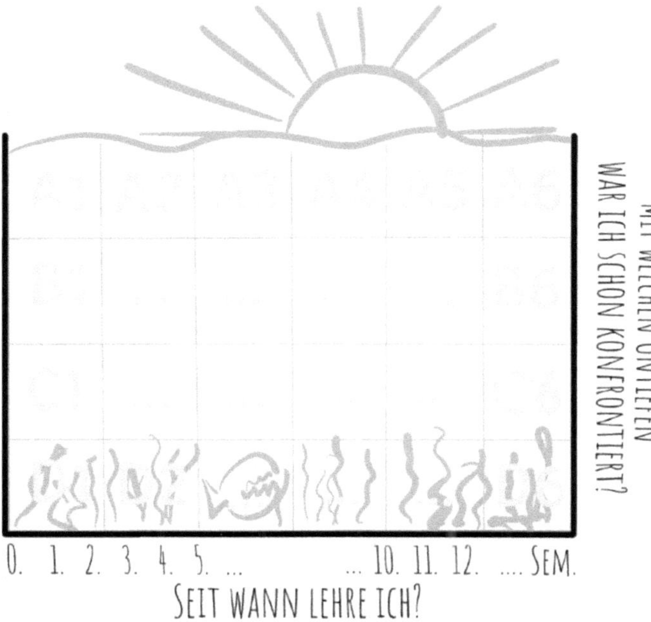

Reflexion:
*Die Abbildung zeigt am Beispiel eines Aquariums, wo Sie sich als Lehrende*r in Bezug auf das Thema verorten. Dazu beantworten Sie die folgenden zwei Fragen „Seit wann lehre ich?" und „Mit welchen Untiefen (schwierigen Lehrsituationen) war ich schon konfrontiert?" Wenn Sie noch am Anfang stehen und noch keine Lehrerfahrung haben, dann lesen Sie dieses Buch vielleicht eher präventiv. Vielleicht haben Sie schon viele Lehrerfahrungen und waren bisher von Untiefen verschont (A6) oder direkt beim Start in die Lehre damit konfrontiert (D1).*

Sie werden beim Lesen deshalb feststellen, dass Ihnen manche Fallbeispiele eher fremd sind oder auch vertraut. Sie laden dazu ein, über eigene schwierige Lehrerfahrungen nachzudenken und/oder sich für mögliche zukünftige Herausforderungen zu „wappnen".

1.1 Begriffe im Kontext schwieriger Lehrsituationen

Wenn Lehrende zu schwierigen Lehrsituationen befragt werden, so benennen sie eine ganze Bandbreite an Begriffen von Schwierigkeiten, Problemen, Hindernissen, Herausforderungen und eben auch Störungen, Konflikten und (Lern-)Widerständen in allen möglichen Erscheinungsformen. Dabei wird deutlich, dass diese nicht nur in der Lehre, sondern in allen Aufgabenbereichen des Lehrens, Lernens und Prüfens bis hin zu Beratung und Betreuung vorkommen können. Neben zwischenmenschlichen, didaktischen oder technischen Herausforderungen werden darüber hinaus Probleme und Konflikte genannt, die sich auf die Studienorganisation, den Studienverlauf oder auf das Verhalten anderer Kolleg*innen im Modul beziehen.

Nähert man sich dem Themenfeld problematischer Lehrsituationen, so stellt man fest, dass es in diesem Bereich wenig Spezifisches für die Hochschullehre selbst gibt. Auch die Hochschuldidaktik greift auf unterschiedliche Bezugswissenschaften zurück und überträgt diese auf die Hochschullehre (vgl. Schumacher 2011). Dabei werden unter anderem Herausforderungen und kritische Ereignisse betrachtet, die sich aus der zunehmenden Diversifizierung der Studierendenschaft ergeben und die Entwicklung der Diversitätskompetenz Lehrender adressieren (vgl. Resch u.a. 2019).

Lehrende nehmen schwierige Lehrsituationen unterschiedlich wahr und verwenden in den Beschreibungen Begrifflichkeiten wie Problem, Störung, Konflikt bis hin zu Widerstand und Lernwiderstand.

Zu den Begriffen Störungen, Konflikt und Lernwiderstand

Die folgende Abbildung (Abb. 3) zeigt den Versuch, die Begriffe, die Lehrende im Kontext schwieriger Lehrsituationen verwenden, in einen Zusammenhang zu stellen. Während Probleme und Schwierigkeiten zumeist eher geringe Herausforderungen darstellen, kann der Umgang mit Konflikten und Lernwiderständen für Lehrende mit größeren Herausforderungen verbunden sein. Dabei macht es einen erheblichen Unterschied, ob Lehrende Verhalten von Studierenden als Lernwiderstand deuten oder ob Studierende tatsächlich im Lernwiderstand sind.

Abb. 3: Begriffe im Zusammenhang schwieriger Lehrsituationen

Mit *schwierigen Lehrsituationen* sind demnach alle Situationen gemeint, die als Problem, Schwierigkeit oder Konflikt im Rahmen von Lehrveranstaltungen sowie in Beratungen und Betreuung von Lehrenden, aber auch von Studierenden, erlebt werden können.

Störungen werden im Folgenden verstanden als einmalige, die Lehre nicht langfristig beeinträchtigende Ereignisse, die häufig ignoriert werden (können), da sie den Lehr- und Lernprozess kaum beeinflussen. *Beispiel: Eine Studierende kommt zu spät. Es gibt eine kurze technische Störung.*

Ein *Konflikt* dagegen ist eine Störung, die länger anhält, sich verstärkt und das Geschehen sowie den Lehr- und Lernprozess zunehmend beeinträchtigt. Ein Konflikt ist emotional aufgeladener und kann eskalieren. Störungen werden zu Konflikten, wenn sie länger anhalten, zunehmen und sich so immer mehr in den Vordergrund schieben. *Beispiel: Im Semester kommen immer mehr Studierende immer häufiger zu spät, was den Verlauf der Lehrveranstaltung beeinträchtigt.*

Widerstand und speziell *Lernwiderstand* erleben Lehrende dann, wenn sie den Eindruck haben, dass Studierende die Mitarbeit (vermeintlich) verweigern, Aufgaben nicht gemacht haben oder sich gegen Vorgehensweisen auflehnen. Dabei muss man unterscheiden, ob Lernende tatsächlich im Widerstand sind oder Lehrende das Verhalten als Widerstand (miss-)interpretieren. Dieses zu unterscheiden ist wichtig, aber nicht immer leicht. *Beispiel: Studierende führen den Gruppenarbeitsauftrag nicht aus.*

Schwierige Lehrsituationen im Kontext der Hochschullehre

Betrachtet man Situationen genauer, die als schwierig erlebt werden, so lässt sich dabei feststellen, dass sie sich auf fast alle Anlässe des Lehrens und Lernens beziehen können, wie die folgende Abbildung (Abb. 4) zeigt. Schwierige Lehrsituationen kommen in Präsenzveranstaltungen, in der digitalen Lehre, bei Gruppenarbeiten, bei der Betreuung, in Sprechstunden, in Gruppen- und Einzelgesprächen und bei Videokonferenzen, in der Emailkommunikation, in digitalen Foren oder in Gesprächen zwischen Tür und Angel u.v.m. vor.

Da Lehrprozesse immer auch als Kommunikationsprozesse verstanden werden können, die gelingendes Lernen ermöglichen sollen, sind diese damit sowohl Anlass für schwierige Situationen, Konflikte und Widerstand als auch Voraussetzung für deren Lösung.

Abb. 4: Anlässe für Kommunikation sowie Störungen

Reflexionsfragen:
Mit welchen schwierigen Lehrsituationen waren Sie bereits konfrontiert? Wodurch unterscheiden sich aus Ihrer Sicht schwierige Lehrsituationen in der Präsenz- und Online-Lehre?

Widerstand in verschiedenen Handlungsfeldern

Im Folgenden werden Konzepte und Modelle zum Begriff *Widerstand* aus den Handlungsfeldern Führung/Organisation, Coaching/Beratung und Schulpädagogik/Erwachsenenbildung vorgestellt, die besonders geeignet erscheinen, Konflikte und schwierige Lehrsituationen an Universitäten und anderen Hochschulformen zu betrachten und Strategien und Interventionen für den Umgang abzuleiten.

1.1.1 Widerstand in den Handlungsfeldern Führung und Organisation

Im Handlungsfeld Führung und Organisation wird Widerstand vor allem für den Umgang mit Mitarbeiter*innen und in Veränderungsprozessen betrachtet.

Gründe für Widerstand in der Führung von Mitarbeiter*innen

Laufer (2010) benennt in seinem Modell folgende Gründe für Widerstand, welche an dieser Stelle direkt exemplarisch auf die Lehre übertragen werden:

- Jemand versteht etwas nicht.
- Jemand hat es verstanden, aber er/sie glaubt es nicht.
- Jemand hat es verstanden, er/sie glaubt es, kann es aber nicht.
- Jemand hat es verstanden, glaubt und kann es, will es aber nicht.

Für den Transfer in die Lehre könnten diese Fragen gestellt werden:

Wenn jemand etwas nicht versteht:

- Wie kann ich es anders erklären? Können es Studierende, die es verstanden haben, mit eigenen Worten erklären? Gibt es dazu ein passendes Video für das Selbststudium?

Wenn etwas nicht geglaubt wird:

- Wie kann Sinn und Nutzen vermittelt werden?
- Welche Beispiele und Erfahrungen aus der Lebens-, Berufs- oder Wissenschaftswelt könnten hier helfen?
- Wie kann eine Lernerfahrung geschaffen werden, die überzeugt?

Wenn etwas nicht gekonnt wird:

- Wo gibt es Möglichkeiten, die entsprechenden Fähigkeiten in kleinen Schritten mit ersten Erfolgserlebnissen zu erlernen?
- Auf welche zusätzlichen Angebote an der Hochschule kann verwiesen werden?

Wenn etwas nicht gewollt wird:

- Wie kann in einem Gespräch nach der Absicht, den Zielen und Interessen gefragt werden?
- Was wird benötigt, damit die Person zur Beteiligung motiviert wird?

Widerstand bei Veränderungsprozessen

In der Organisationsentwicklung ist der Umgang mit Widerstand in Veränderungsprozessen ein zentrales Thema, hängt doch von deren Überwindung das Erreichen der Organisationsziele ab. Am Beispiel des digitalen Wandels soll im Folgenden exemplarisch aufgezeigt werden, wie Menschen gegenüber der Digitalisierung Widerstände zeigen. Für die Hochschullehre leitet Scholkmann (2021) aus der Lerntheorie von Illeris unterschiedliche Lernwiderstände gegenüber neuen Technologien bzw. dem digitalen Wandel ab. Diese Systematisierung sogenannter *Nichtlernphänomene* wird zur Interpretation von Lernwiderstand gegenüber Veränderungen verwendet. Dabei werden die Phänomene auf drei psychologische Dimensionen zurückgeführt. Das erste Phänomen ist das sog. Fehllernen, das Situationen umfasst, in denen andere als die beabsichtigten Inhalte entweder durch Zufall oder aufgrund mangelnder Aufmerksamkeit gelernt werden (Inhaltsdimension). Das zweite ist die Verweigerung des Lernens und entspricht dem klassischen Motivationswiderstand (Anreizdimension). Das dritte Phänomen ist ein Lernwiderstand, der sich im Gegensatz zur unbewussten Verweigerung aktiv und bewusst gegen das Lernen stellt und dabei mit starken Emotionen besetzt sein kann (Interaktionsdimension). Beim Umgang mit Lernwiderstand sucht man hier entsprechend der Dimension nach Möglichkeiten, die Anreiz-, Inhalts- und Interaktionsdimension (um)zu gestalten.

Widerstandsphänomene weisen kognitive und emotionale Aspekte auf und folgen darüber hinaus häufig einem zeitlichen Verlauf. Das Transformationsmodell nach Streich (2013) beispielsweise beschreibt, wie Menschen und Organisationen Veränderungsprozesse und Wandel typischerweise durchlaufen. Die Phasen *Schock, Widerstand, Verhandeln, Trauer, Akzeptanz, Ausprobieren und sich auf das Neue einstellen* werden in einem individuellen Tempo durchlaufen und sind mit unterschiedlichen kognitiven und emotionalen Herausforderungen und Aufgaben verbunden.

Das Modell kann sowohl Phänomene von Widerständen bei Veränderungsprozessen in Fachbereichen als auch beim Lernen erklären. Außerdem kann es als Orientierung bei der Begleitung Studierender in schwierigen Situationen oder persönlichen Krisen dienen. Wenn diese mit großen Veränderungen konfrontiert sind, durchlaufen sie diese Phasen, auf die angemessen zu reagieren ist, wie z.B. bei dem Scheitern eines Drittversuches, die zum Studienabbruch führt.

Reflexionsfragen:
Welche Formen des Widerstands begegnen Ihnen an der Hochschule oder in Veränderungsprozessen?

1.1.2 Widerstand in den Handlungsfeldern Beratung und Coaching

In den Handlungsfeldern Beratung und Coaching wird das Thema Widerstand u.a. im Zusammenhang mit *Beratungsresistenz* (vgl. Noyon u.a. 2013) betrachtet. Solche Phänomene treten u.a. in Beratungen und Sprechstunden an Hochschulen auf, wenn Studierende Rückmeldungen und Hinweise nicht umsetzen können oder wollen. Auch hier gilt es, die Gründe oder Hindernisse zu erkunden und Ansatzpunkte für Veränderungen zu suchen. Lehrende müssen dabei auch prüfen, wann auf andere Angebote, wie etwa Seminare zur Selbstorganisation, verwiesen werden kann oder professionelle Beratungsangebote wie die Psychologische Beratungsstelle einbezogen werden sollte.

Situative Haltungen im systemischen Coaching

De Shazer u.a. haben untersucht, wann sich Menschen auf Veränderung einlassen und dabei das Modell der situativen Haltungen entwickelt. Sie unterscheiden die *besuchende*, *klagende* und *sich-kundig-machen-wollende Haltung*, die von Radatz (2010) noch um die *comoderierende* Haltung ergänzt wurde, die in der folgenden Abbildung (Abb. 5) dargestellt sind. Die Autor*innen betonen, dass es sich nicht um Persönlichkeitsanteile dreht, sondern um Haltungen, die situativ eingenommen werden. Sie stellen fest, dass Veränderungen und Lernen in der *sich-kundig-machen-wollenden* Haltung stattfinden, diese Haltung aber oft erst eingenommen oder bewusst entwickelt werden muss. Zudem darf diese Haltung nicht mit dem Begriff Kunde/Kundin verwechselt werden.

Abb. 5: Situative Haltungen

Die besuchende Haltung hat häufig noch kein eigenes Anliegen, schaut nur mal vorbei oder wurde geschickt. Beispiel: *„Meine Eltern meinten, ich solle das mal studieren ...“*, *„Ich bin hier, weil die Studienordnung es so vorsieht.“* Die klagende Haltung beschwert sich über die Situation oder andere und sieht dabei die Schuld und Verantwortung eher bei anderen. Beispiel *„So wie die Aufgabe gestellt war, konnte man sie ja nicht lösen!“*, *„Die anderen bringen sich in der Gruppenarbeit nicht genügend ein.“* Studierende, die die co-moderierenden Haltung einnehmen, wollen sich einbringen und in ihrer (vermeintlichen) Expertise gesehen werden. Beispiel: *„Professor x ist da aber ganz anderer Meinung." „Das Vorgehen ist doch hier gerade nicht sinnvoll."* Die Haltung des sich-kundig-machen-Wollens ist die, in der Lernen und Veränderungen dann tatsächlich stattfinden kann. Menschen haben in dieser Haltung klare Ziele und sind sich ihrer Selbstverantwortung bewusst. Sie streben Veränderung und Lernen an.

Die Autor*innen verweisen darauf, dass es wenig Sinn macht, Menschen zu beraten, solange sie sich nicht in dieser vierten Haltung befinden. Gleichzeitig stellen sie fest, dass die vierte Haltung nicht erzwungen werden kann. Es ist insofern zunächst Aufgabe der Beratenden diese vierte Haltung anzuregen, die Möglichkeiten aufzuzeigen, einzuladen, aber auch Freiraum für die Entscheidung zu lassen.

Ein weiterer Aspekt der Bedeutung dieses Modells ist der Umgang mit schwierigen Lehrsituationen an sich. Studierende erleben sicherlich selbst auch schwierige Situationen mit Kommiliton*innen oder Lehrenden und beklagen dies. An dieser Stelle muss dann zusätzlich geklärt werden, ob sie sich mit dem Klagen nur „Luft verschaffen" wollen oder ob sie tatsächlich nach einer Lösung im Sinne des Sich-kundig-machens-wollens streben.

Auch Lehrende beklagen sich über das Verhalten der Studierenden oder andere schwierige Situationen. Dies dient häufig, wie bei Studierenden auch, zur eigenen Psychohygiene und Entlastung. Sich in die sich-kundig-machen-wollende Haltung zu begeben, bedeutet, Denk- und Verhaltensmuster über Bord zu werfen und neue Wege zu gehen.

Reflexionsfragen:
*Wo erleben Sie im Studiengang diese Haltungen bei Studierenden, bei sich oder bei Kolleg*innen?*

Wachstumsbremsen im Provokativen Coaching

Der Ansatz des Provokativen Stils begegnet Widerstand mit Humor und Provokation. Höfner (2019) arbeitet auf dieser Basis mit dem sogenannten LKW, dem *Liebevollen Karikieren der Wachstumsbremsen* der Klient*innen. Als Wachstumsbremsen identifiziert und formuliert sie – sehr provokativ auf den Punkt gebracht – die Widerstände *Faulheit, Feigheit* oder *Fixiertheit* (Abb. 6). Das Modell kann im Hinblick auf das Thema Widerstand einige Anregungen liefern sowohl für das Verständnis als auch für den Umgang damit. Denn es beschreibt, dass Widerstand stark mit Emotionen und Gewohnheiten verknüpft ist. Dass jemand zu faul, zu feige oder zu fixiert erscheint, ist eine sehr provokative umgangssprachliche Umschreibung dafür, dass Menschen Befürchtungen und Ängste haben, dass sie zu bequem sind, keine Lust oder Motivation verspüren, stark mit dem Gewohnten verwachsen oder in den Überzeugungen über das Gegenwärtige oder Kommende festgefahren sind.

Abb. 6: Wachstumsbremsen beim Provokativen Stil

Der Provokative Ansatz will Menschen im Coaching aus ihrer Komfortzone bringen und einen Lern- und Veränderungsprozess anregen. Wichtig ist dabei, dass sie nicht in die sogenannte Panikzone geraten, bei der aufgrund von Ängsten oder Widerstand Veränderungen auch blockiert werden können. Die absolute Grundvoraussetzung ist hier ein gutes Verhältnis und eine vertrauensvolle Beziehungsebene zwischen Berater*in und Klient*in.

Da sich Lehrende und Studierende an Hochschulen auch durch die Prüfung- und Bewertungssituation in einem *asymmetrischen Verhältnis* befinden und Lehrende eine mächtigere Position innehaben, muss das Mittel Provokation sicherlich kritisch und mit Vorsicht betrachtet werden. Die Gefahr ist hier, dass Provokationen kontraproduktiv wirken oder als Machtmittel eingesetzt werden. Der vermeintliche Humor Lehrender kann dann in Wirklichkeit Zynismus sein. Gleichwohl kann das Bild der Wachstumsbremsen auf Ursachen von Widerstand hinweisen und Humor kann bei Einwänden oder spielerischen Machtkämpfen eine mögliche Intervention darstellen. Diese Möglichkeiten werden im Kapitel 3.3 weiter ausgeführt.

Wichtig ist zu erwähnen, dass dieses Modell für das Verstehen schwieriger Lehrsituationen mit Studierendengruppen genutzt wird. Bei schwerwiegenden persönlichen oder psychischen Problemen einzelner Studierenden sollten selbstverständlich professionelle Stellen wie die Psychologische Beratungsstelle einbezogen oder auf diese verwiesen werden.

(Provokative) Reflexionsfragen:
*Wo sind möglicherweise in Ihren Vorstellungen gegenüber Studierenden oder Kolleg*innen festgefahren?*

1.1.3 Widerstand in den Handlungsfeldern Schule und Erwachsenenbildung

Da in diesem Buch Widerstand in Lehr- und Lernkontexten betrachtet werden, sind Konzepte aus der Schulpädagogik und Erwachsenenbildung für ihre Übertragung auf die Hochschullehre besonders interessant. An dieser Stelle muss jedoch zunächst darauf verwiesen werden, dass auch diese Ansätze in einem je eigenen Kontext mit spezifischen Zielgruppen, Zielen und Rahmenbedingungen stehen und übertragen werden müssen. So sind beispielsweise Schüler*innen jünger und Lehrer*innen haben, neben ihrer Lehrtätigkeit, auch einen Erziehungsauftrag. Gleichwohl zeigen sich diverse Schnittstellen, wie etwa in der Studieneingangsphase: Gerade jüngere Studierende bringen ihre Schulerfahrungen und -sozialisation mit und stehen vor der Aufgabe Student*innen bzw. Fachstudentin*innen zu werden. Im weiteren Studienverlauf gehen Lehrende oft davon aus, dass Lernende Erwachsene sind. Deshalb präferieren sie Prinzipien der Erwachsenenbildung wie die der Selbstverantwortung, Selbstmotivation und Selbstständigkeit. Hieraus kann es aufgrund unterschiedlicher Vorerfahrungen, Vermögen und Erwartungen beider Seiten zu schwierigen Lehrsituationen kommen.

Unterrichtsstörungen in der Schule

Die Schulpädagogik beschäftigt sich im Rahmen des Classroom-Managements mit Klassenführung und dem Umgang mit *Unterrichtsstörungen* (vgl. Haag u.a. 2020, Hecht u.a. 2020, Städeli u.a. 2019, Wettstein u.a. 2018). Lohmann (2011) definiert Unterrichtsstörungen als Ereignisse, die den Lehr- und Lernprozess beeinträchtigen, unterbrechen oder unmöglich machen. Voraussetzungen unter denen Lehren und Lernen erst stattfinden kann, werden dabei ganz oder teilweise außer Kraft gesetzt. Lohmann (ebd.) unterteilt vier Bereiche:

- Verbale Störungen (wie Nebengespräche oder Zwischenrufe),
- unruhiges Verhalten, Unaufmerksamkeit, Umgang mit störenden Gegenständen (wie Smartphone-Nutzung),
- Verweigerung der Beteiligung, Aggression (wie verbale Auseinandersetzungen, Sachbeschädigungen oder körperliche Auseinandersetzungen) und
- grobe Verstöße gegen die Schulregeln.

Er stellt fest, dass der Unterricht insgesamt störanfällig ist. Deshalb sind Störungen nicht immer zu vermeiden, da der Schulalltag lang ist, komplexe Inhalte vermittelt werden, die Klassen groß sind und weder Lehrer*innen noch Schüler*innen ununterbrochen motiviert und konzentriert sein könnten. Für den Umgang mit Störungen werden, laut Lohmann (2010) proaktive und reaktive Maßnahmen unterschieden.

- *Proaktive Maßnahmen*: Vorbereitung des Klassenzimmers, Einführen und Einhalten von Ritualen und Regeln, Konsequenzen ziehen, ein gutes Klassen- und Lernklima schaffen, aufmerksam bleiben, gut vorbereitet sein, den Schüler*innen

Verantwortung übergeben, und den Unterricht klar strukturieren.
- *Reaktive Maßnahmen*: Störungen nicht ignorieren, zeitnah handeln, vereinbarte Konsequenzen umsetzen, Maßnahmen ergreifen, Sanktionen verhängen, sich ggfs. Hilfe zu suchen und möglichst gelassen bleiben.

Hecht u.a. (2020) beschäftigen sich mit der Frage, wie Lehrkräfte durch Feedback Klassenführungskompetenzen entwickeln können. Sie beziehen sich u.a. auf das Linzer Modell der Klassenführung nach Lenske u.a. (2015), dass die Kategorien *Beziehung*, *Kontrolle* und *Unterricht* unterscheidet, und direkte sowie indirekte Handlungsstrategien beschreibt. Die Kategorie Beziehung bezieht sich als direkte Strategie auf die Förderung sozialer Beziehungen in der Klasse. Die Kategorie Kontrolle beschreibt als direkte Strategie Formen der Verhaltenskontrolle von Schüler*innen. Die passende Gestaltung des Unterrichts ist als indirekte Strategie der Kategorie Unterricht zugeordnet. Die Kategorien sind u.a. mit diesen Handlungsstrategien verbunden (vgl. Lenske u.a. 2015):

- *Beziehung* (direkt): Authentizität, Wertschätzung, Verstehen, Kommunikation, Mitbestimmung, positive Emotionalität, Humor
- *Kontrolle* (direkt): Klarheit der Verhaltensregeln, Leistungsanforderung, Kontrolle des Arbeitsverhaltens, Eingreifen bei Störungen, Sanktionen, positive Verstärkung
- *Unterricht* (indirekt): Fachkompetenz, Bedeutsamkeit des Lernziels, Struktur des Unterrichts, Erklärungsqualität, Interessantheit des Unterrichts, Klarheit der Arbeitsanweisungen, positive Erwartungshaltung, Lernstandrückmeldung

Wie sich Störungen und der Umgang damit beim Homeschooling während der Pandemie ausgewirkt haben, wird derzeit untersucht. Lehrer*innen berichten von folgenden Phänomenen: Schüler*innen waren abgelenkt, löschten Aufgaben, schrieben in das falsche Tool oder posteten „lustige Bilder" in das Arbeitsblatt. Bei Videokonferenzen wurden Phantasienamen eingetragen und die Kamera wurde bzw. konnte nicht genutzt werden. Fremde Personen wurden eingeladen, die den Unterricht störten. Das Phänomen des *Trolling*, also das Angeln nach Aufmerksamkeit, das auch aus dem Präsenzunterricht bekannt ist, wurde nun auch im Digitalen beobachtet. Konflikte wie Mobbing zeigten sich nun als Cybermobbing. Lehrer*innen stellten fest, dass sie den Umgang mit Störungen und Konflikten im Digitalen aufgrund der Anonymität als eher schwierig erlebten. Interventionen, die aus dem Präsenzunterricht bekannt waren, konnten nicht, nur teilweise oder in veränderter Form zum Einsatz kommen.

Das Buch von Städeli u.a. (2019) deutet in seinem Titel bereits an, was aus der Schulpädagogik auch für den Umgang mit schwierigen Situationen in der Hochschullehre hilfreich sein kann: „Klassen führen – Mit Freude, Struktur und Gelassenheit." Diese Aspekte werden im weiteren Verlauf für den Umgang mit Studierendengruppen an Hochschulen und Universitäten übertragen.

Reflexionsfragen:
Welche Störungen kennen Sie? Welche proaktiven und reaktiven Maßnahmen setzen Sie bei Störungen ein?

Widerstand in der Erwachsenenbildung

Die Erwachsenenbildung beschäftigt sich im Zusammenhang mit dem Lebenslangen Lernen unter anderem mit *Lernhemmnissen, Lernbarrieren* und *Lernwiderständen,* die über Teilnahme bzw. Nicht-Teilnahme einer Fort- und Weiterbildung bestimmen können. Faulstich und Beyer (2006), Faulstich, Forneck u.a. (2005) und Arnold (2001) beschäftigen sich mit Lernwiderstand als einen spezifischen Konflikt des Erwachsenenlernens, der auftritt, wenn Lernende bewusst oder unbewusst nicht das machen, worauf Lehrende hinauswollen (Faulstich/Beyer 2005: 6f.). Als Ursachen werden z.B. Faktoren wie Angst, Druck oder Überforderung genannt. Arnold zieht eine Verbindung zwischen Kognition und Emotion und definiert Lernwiderstand als eine kognitive oder emotionale Abspaltung, „die Handlungssicherheit gewährleistet, da eine kognitive und emotionale Verunsicherung" vorliegt (Arnold 2001: 26). Lernwiderstände werden hier als innere Konflikte beschrieben, die sich aus der Nichtpassung zwischen äußeren Impulsen und dem Inneren ergeben. Lernende wollen mit diesem konflikthaften oder widerständigem Verhalten ihre eigene Irritation, Aversion o.ä. beenden, sich also schützen und dieses Spannungsfeld auflösen.

Bolder (2006) unterscheidet zwischen objektiven und subjektiven Determinanten bei Lernwiderstand, die einerseits durch Selektionsprozesse im Bildungssystem beeinflusst werden und andererseits durch unterschiedliche Lernbiografien, -erfahrungen und -einstellungen entstehen können. Lernwiderstand bei Erwachsenen ist hier also kein rein individuell-psychologisches oder mentales Problem. Denn die Ursachen liegen auch in der gesellschaftlichen Bildungssegmentation, die nach Bolder (2006) soziale Exklusion herstellt und milieutypisch über Generationen hinweg aufgebaut wird. Deshalb sollte Lernwiderstand immer auch in seiner sozialen Rahmung betrachtet werden. Auch an Universitäten und Hochschule können sowohl subjektive wie objektive Determinanten von Hemmnissen, Ungleichheit, Barrieren und Widerständen eine Rolle spielen (vgl. Lotze u.a. 2021, Rheinländer 2015, Bolder/Dobischat 2009).

Darüber hinaus beschäftigt sich Grell (2006) in ihren Untersuchungen mit den typischen Klagen von Weiterbildner*innen über die vermeintliche Faulheit oder Widerborstigkeit der Teilnehmenden und dem Wunsch nach Rezepten, um solche Probleme instrumentell, schnell und einfach lösen zu können. Dieser Wunsch drückt sich dann in Buchtiteln aus wie „Das Einzige was stört, sind die Teilnehmer. Schwierige Seminarsituationen meistern" (Meier 2007) oder „Schwarzer Gürtel für Trainer. Wie Sie im Seminar nichts und niemand zu Boden wirft" (Schulze-Seeger 2009). Grell (ebd.) warnt davor, Lernwiderstände durch einfache Ursache-Wirkungs-Modelle zu betrachten. Für sie stehen Lernwiderstände vor allem im Zusammenhang fehlender Bedeutsamkeit für die Lernenden.

Worum es beim Umgang mit Widerstand geht, zeigen Szepansky (2010) und Lahninger (2005), die „Widerstand als Motivation" verstehen und einladen, solche Herausforderungen konstruktiv zu nutzen. Beide verdeutlichen, dass mit und am Widerstand gelernt werden kann und sollte. Widerstand wird also als Lerngelegenheit verstanden. Dabei sind Fragen zur Sinnhaftigkeit (Lernende erkennen den Sinn oder Nutzen noch nicht), der Verstehbarkeit (Lernende verstehen etwas noch nicht) oder der Handhabbarkeit (Lernende können es noch nicht bzw. können es noch nicht transferieren) zentrale Ansatzpunkte, um die Komplexität von Lernwiderstände zu verstehen und passende Lösungswege von Fall zu Fall zu entwickeln.

Dilk sieht Widerstand ebenfalls als Zeichen für Lernbedarf und beschreibt in ihrem Artikel „Dranbleiben" (Dilk 2013) über das Selbstlernen und wie dieses gelingen kann. Stavemann (2021) bringt Herausforderungen in diesem Zusammenhang pointiert auf den Punkt: „Frustkiller und Schweinehundbesieger. Geringe Frustrationstoleranz und Aufschieberitis loswerden" (ebd. 2021).

Lernwiderstand betrifft somit das Lehren und das Lernen im Kontakt- als auch im Selbststudium. Universitäten, Hochschulen und Lehrende habe unterschiedliche Verständnisse und Herangehensweise, ob und wie Selbstlernkompetenzen und damit auch der Umgang mit Lernhemmnissen vermittelt bzw. erlernt werden kann und soll.

Reflexionsfragen:
Wo sehen Sie im Studium Lernbarrieren, Lernhemmnisse oder Lernwiderstände? Wie können Studierende befähigt werden, um Hemmnissen und Widerständen zu bewältigen?

1.2 Themenzentrierte Interaktion

Da schwierige Lehrsituationen in Lehr- oder Lernkontexten stattfinden, sind sie zugleich in ein komplexes Bedingungsgefüge eingebettet. Deshalb wird im Folgenden das 4-Faktoren-Modell der Themenzentrierte Interaktion als Basismodell für Analyse und den Umgang mit schwierigen Lehrsituationen vorgestellt. Die Themenzentrierte Interaktion (TZ) nach Ruth Cohn (2018) ist ein Handlungskonzept, das sich der Frage widmet, wie in Gruppen gelingendes und effektives Lernen und Arbeiten möglich wird. Das Modell mit seinen Hintergründen wird in diesem Kapitel kurz dargestellt und dient im Verlauf immer wieder als Orientierungsrahmen. Es basiert zudem auf den Grundhaltungen der humanistischen Psychologie, die hier auch die Basis für den konstruktiven Umgang mit schwierigen Situationen bildet.

1.2.1 Axiome, Postulate und 4-Faktoren-Modell

Die TZI unterstützt Menschen, die in sozialen Systemen Aufgaben bearbeiten oder gemeinsam lernen wollen und dabei gut kommunizieren und zusammenarbeiten oder diese führen und leiten wollen. Sie stützt sich auf verschiedene Postulate und Axiome. Das 4-Faktoren-Modell greift Aspekte auf, die die Zusammenarbeit und das Lernen mitbestimmen. Feedback-Konzepte, wie sie auch heute verwendet werden, haben ihren Ursprung in den hier formulierten Feedback-Regeln, die dabei helfen, konstruktive Kommunikationsprozesse zu fördern.

Tab. 1: Themenzentrierte Interaktion

Postulate	1. Sei Deine eigene Chairperson! 2. Störungen nehmen Vorrang!
Axiome	1. Spannungsfeld: Selbständigkeit – Abhängigkeit 2. Ethisches Spannungsfeld 3. Spannungsfeld: Freiheit – Bedingtheit
Vier-Faktoren-Modell	1. Globe 2. Es 3. Gruppe 4. Ich
Feedback-Regeln	1. In der Ich-Form sprechen. 2. Hintergrund einer Frage erläutern. 3. Wahrnehmung und Interpretation trennen. 4. Keine Verallgemeinerungen verwenden. 5. Persönliche Eindrücke klar kennzeichnen. 6. Nur eine Person spricht.

1. *Die Postulate:*
   Das Chairperson-Postulat „Leite dich selbst" fordert jedes Gruppenmitglied zur Selbstleitung und Selbstverantwortung auf. Das bedeutet, sich der eigenen inneren und äußeren Wirklichkeit bewusst zu machen, Sinne, Gefühle und Gedanken zum Verständnis seiner selbst und der Umwelt zu nutzen sowie Entscheidungen zu treffen und Verantwortung dafür zu übernehmen.

Das Postulat „Störungen nehmen Vorrang" richtet die Aufmerksamkeit auf Störungen, also Hindernisse, Ablenkungen oder Beeinträchtigungen auf dem Weg zum Ziel und deren Möglichkeiten zur Überwindung. Mögliche Störquellen sind dabei sowohl innere Vorgänge als auch äußere Gegebenheiten physischer, ökologischer, sozialer oder auch politischer Art. Es wird davon ausgegangen, dass das Ignorieren oder Verleugnen solcher Störungen dazu führt, dass diese sich immer mehr in den Vordergrund drängen und damit das Lernen beeinflussen oder sogar behindern.

2. *Die drei Axiome:*
   Die TZI geht von der Wechselwirkung zwischen Person und Umwelt aus und ermöglicht einen systemischen Blick darauf. Damit kann und muss jedes Gruppenmitglied Mitverantwortung übernehmen; für sein bzw. ihr Tun und Lassen, für sein bzw. ihr Handeln und für das Gelingen der gemeinsamen Leistung. Die drei Axiome beschreiben grundlegende Spannungsfelder, in denen sich Menschen befinden und die es auszuhalten bzw. auszuhandeln gilt.
   Das erste Axiom geht vom Spannungsfeld zwischen *Selbstständigkeit und Abhängigkeit* aus. Einerseits ist der Mensch autonom, entscheidet und steuert sich selbst, andererseits steckt jeder Mensch in vielfältigen Abhängigkeiten.
   Das zweite Axiom beschreibt ein *ethisches Spannungsfeld.* Die TZI gehört der humanistischen Psychologie an und basiert auf humanistischen Werten, deshalb gebührt allen Menschen und Lebewesen Respekt.
   Das dritte Axiom beschreibt das Spannungsfeld zwischen *Freiheit und Bedingtheit.* Denn einerseits entscheidet der Mensch frei, andererseits bestehen sich bedingende innere und äußere Grenzen bei Entscheidungen.
3. *Das 4-Faktoren-Modell:*
   Das 4-Faktoren-Modell beschreibt die vier Faktoren Globe, Es, Gruppe, Ich. Diese beeinflussen die Zusammenarbeit von Menschen in Gruppen und Institutionen und damit auch das Lehren und Lernen in Lehrveranstaltungen und müssen in einer Balance sein, damit Lernen und Arbeiten gelingen kann.

Abb. 7: Das 4-Faktoren-Modell der TZI (eigene Darstellung)

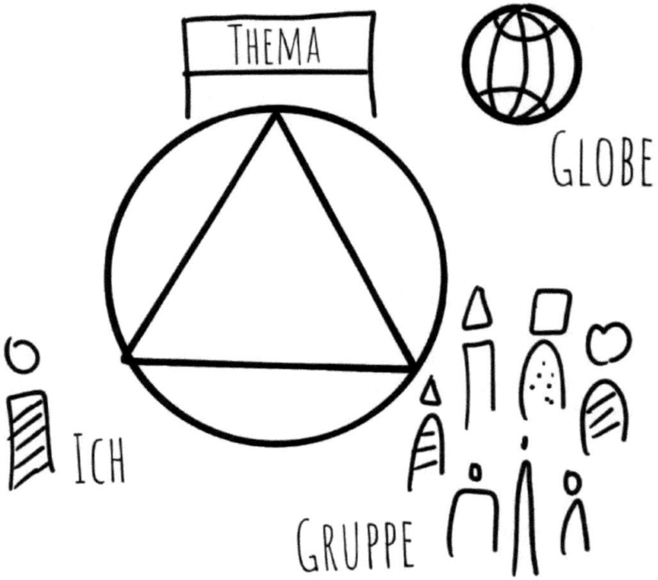

- Globe: Die Rahmenbedingungen, der Kontext und Raum, die Einflussfaktoren der Umwelt
- Thema: Die zu bearbeitenden Aspekte wie Lernziele, Lehrinhalte, Methoden, Aufgaben (in der TZI „Es“ genannt)
- Ich: Jede Person mit ihren individuellen Kompetenzen, Anliegen, Gefühlen und eigener Biografie
- Wir: Die Beziehungen und Interaktionen zwischen allen Beteiligten, also der Gruppe

Das 4-Faktoren-Modell kommt in diesem Buch etwas verändert zum Einsatz. So zeigt die Abbildung (Abb. 7) das 4-Faktoren-Modell in seiner Darstellung vom Original abweichend. Üblicherweise symbolisiert der Kreis den *Globe,* der die Faktoren *Es/Thema, Ich* und *Gruppe* in dem Dreieck umschließt. Hier wird er in Form einer Weltkugel außerhalb dargestellt, um Rahmenbedingungen und Konflikte des *Globe* getrennt darzustellen. Das

Es wird im weiteren Verlauf *Thema* genannt, da es sich vor allem auf Fragen und Themen der Lehre handelt. Außerdem symbolisiert das *Ich* im weiteren Verlauf die Lehrenden, die sich im Rahmen der Lehre mit Studierenden einer *Gruppe* und Studierendengruppen auseinandersetzen.

Die TZI beschreibt eine allgemeine Grundhaltung sowie generelle Arbeitsprinzipien, die auch für die Hochschullehre genutzt werden können. Sie dient als Orientierung, um das Lernen und Arbeiten in Lehrveranstaltungen implizit oder explizit gestalten zu können und zu verstehen. Viele dieser Prinzipien wurden u.a. durch die Gehirnforschung und Lernpsychologie bestätigt. So zeigen Rubach u.a. (2021), Hattie (2017), Schneider u.a. (2015), Astleitner u.a. (2008) die Bedeutung von Emotionen und Feedback für das Lernen. Richter (2013) beschreibt, wie mit dem Konzept der TZI die Vielfalt der Studierenden zur Chance für Lehren und Lernen wird. Böss-Ostendorf u.a. (2018) verweisen darauf, dass in dem Dreieck zwischen Thema-Ich-Gruppe des 4-Faktoren-Modells auch das sogenannte *didaktische Dreieck* zu sehen ist und beschreiben damit die Chancen aber gleichzeitig auch die Grenzen des Lehrens: Lehrende können das Thema aufbereiten und Studierende dazu motivieren, sich diesem zu widmen. Die Gruppe (hier: die Studierenden) steht in Verbindung zum Thema und zum Ich (hier: Lehrende) und entscheidet individuell, ob und wie sie sich mit dem Thema bzw. Lernangebot beschäftigen und Lernhandlungen vollziehen. Der Spruch „Das Gehirn lernt immer, nur nicht immer das, was wir (die Lehrenden) wollen" macht hier deutlich, dass der Steuerung von Lernprozessen Grenzen gesetzt sind.

1.2.2 4-Faktoren-Modell und Konflikte

Das 4-Faktoren-Modell soll dazu dienen, schwierige Lehrsituationen und Konflikte einzuordnen und ein Verständnis für Ursachen, Wirkungen und Lösungsansätze, gerade auch in ihrer Bedingtheit, zu erkennen. Im Folgenden (Abb. 8) werden einige typische Konflikte, die in der Lehre auftreten können, skizziert.

Abb. 8: 4-Faktoren-Modell und Konflikte

Strukturkonflikte ergeben sich durch Unstimmigkeiten im Globe, etwa bei den Rahmenbedingungen oder der Organisation von Lehrveranstaltungen. Dies kann sich dann als Herausforderung darstellen, wenn in einer Vorlesung Studierende unterschiedlicher Studiengänge und Studienphasen zusammenkommen. Oder wenn sich beispielsweise zwei Veranstaltungen teilweise zeitlich überschneiden.

Sach- und Interessenskonflikte können in Lehre und Beratung durch unterschiedliche Bedürfnisse und Werte entstehen, wie z.B. bei der Auswahl von Texten oder unterschiedlichen Einschätzungen der Leistung. Ein klassischer Interessenskonflikt kann auch mit dem Globe zusammenhängen, wenn Wahl- oder Pflichtveranstaltungen unterschiedliche intrinsische oder extrinsische Motivationslagen mit sich bringen.

Gruppenkonflikte betreffen Gruppenarbeiten und die Dynamik in der Seminargruppe. Sie sind wegen der Kompetenzorientierung im Studium häufig anzutreffen, da in Projekt- und Gruppenarbeiten gruppendynamische Prozesse ablaufen und Interessenskonflikte zwischen den Mitgliedern vorherrschen können. *Intergruppenkonflikte* bestehen zwischen Studierendengruppen, die sich etwa in einer offenen oder verdeckten Auseinandersetzung befinden.

Beziehungskonflikte entstehen, wenn zwischen den Beteiligten, also zwischen Studierenden untereinander oder zwischen Studierenden und Lehrenden Antipathien herrschen oder das Verhältnis durch andere Konflikte beeinträchtig wurde.

Rollenkonflikte erleben Lehrende, weil sie an der Hochschule i.d.R. mehrere Rollen innehaben und so in einem *Interrollenkonflikt* zwischen Expert*in, Forscher*in, Lehrende*r, Moderator*in oder Prüfer*in stehen können. *Intrarollenkonflikte* hingegen beschreiben Konflikte, die sich innerhalb einer Rolle ergeben können, wenn Lehrende etwa einerseits eine gute Beziehung zu Studierenden pflegen wollen, aber auch schlechte Benotungen vergeben müssen. Auch Studierende können mit solchen Konflikten konfrontiert sein, denn nicht wenige Studierende arbeiten und haben familiäre oder andere Verpflichtungen. Auch stehen sie häufig vor der Herausforderung, die Fülle an Arbeitsaufträgen aus verschiedenen Lehrveranstaltungen zu priorisieren.

1.2.3 Lehren in Zeiten von Corona

Im Frühjahr 2020 brachte die globale Pandemie durch COVID-19 nicht nur für Universitäten und Hochschulen massive Veränderungen mit sich. Die Umstellung zur digitalen Lehre aufgrund des Abstandsgebots war mit diversen Herausforderungen aber auch neuen Möglichkeiten verbunden (vgl. Breitenbach 2021). Am Beispiel der synchronen Online-Lehre wird im Folgenden aufgezeigt, wie die Faktoren *Globe*, *Thema*, *Gruppe* und *Ich* Lehren und Lernen bedingen und aufeinander einwirken.

Die folgende Abbildung (Abb. 9) stellt zunächst in einem Cartoon einen Ausschnitt aus den vielfältigen Eindrücken und Erfahrungen Lehrender und Studierender aus der synchronen Online-Lehre dar.

Abb. 9: Lehren in Zeiten von Corona

Im Inneren des Bildes ist eine Lehrperson zu sehen, die sich in ihrem eigenen Globe als Lehrsituation befindet und dabei hauptsächlich auf schwarze Kacheln schaut. Der äußere Rahmen stellt den jeweiligen Globe der Studierenden während der Lehrveranstaltung dar, also das, was sich hinter der Kamera abspielt. Dabei zeigt sich, dass die Zugänge und die Bedingungen während der synchronen Lehrveranstaltung vielfältig und zum Teil sehr ablenkungsreich sind.

Wenn sich die damalige Situation der erzwungenen digitalen Lehre vor Augen geführt wird, so werden die Unterschiede der vier Faktoren deutlich: Der Raum und die Rahmenbedingungen (Faktor Globe) veränderten sich massiv, weil die Gruppenmitglieder räumlich getrennt und das Setting des Zusammenseins war vor allem von der Technik und seinen Gegebenheiten geprägt war.

Darüber hinaus erfuhren die Lehrveranstaltungen selbst und ihre Didaktik (Faktor Thema) in dieser Zeit große Veränderungen. Synchrone und asynchrone Lehr- und Lernszenarien wurden auf Lernplattformen, mit Videokonferenzsystemen und Learningtools entwickelt. Auch bekam das Selbststudium eine viel größere Bedeutung. Über die Semester hatten sich digitale Lehrkonzepte und Prüfungen eingespielt. Im Wintersemester 2021/2022 kam die nächste Herausforderung dazu, die sich auf die Faktoren auswirkte, nämlich die hybride Lehre. Lehrende berichteten, dass sich gerade Studierende, die online mit dem Studium begonnen hatten, verunsichert waren und es nicht nur für sie zunächst eine große Umstellung bedeutete.

Die digitale Lehre brachte für die Studierenden (Faktor Gruppe) mehr Selbstverantwortung und individuelles bzw. selbstorganisierte Lernen mit sich. Dies stellte manche Studierende vor große Herausforderungen, da ihnen der Anschluss an die Universitäten und Hochschulen, vor allem aber der Kontakt zu den Kommiliton*innen fehlte. Der sonst übliche Austausch und das nicht unerhebliche informelle sowie soziale Lernen waren kaum möglich. Während die einen mit dem digitalen Studium gut zurechtkamen, litten andere unter depressiver Verstimmung, Ängsten oder brachen das Studium sogar ab. Trotz aller Bemühungen mit der digitalen Lehre, stellte sich die Frage „Teaching schon – aber Learning?“ In den Medien wurde von Krisengewinner*innen und -verlierer*innen gesprochen, welches sich auch im Bildungsbereich abzeichnete. So verschärfte sich während der Pandemie die soziale Ungleichheit, trotz vieler Bemühungen, Studierende zu unterstützen.

Auch Lehrende (Faktor Ich) reagierten sehr unterschiedlich auf diese Anforderungen. Während viele die Möglichkeiten der digitalen Lehre gerne nutzten, war es für andere eher eine Qual. Manche fühlten sich überfordert oder waren aufgrund der veränderten Bedingungen selbst im Widerstand. Neuberufene Lehrende sahen sich mit der Situation konfrontiert, in einer Universität oder Hochschule zu lehren, die sie nie von innen gesehen hatten. Auch ihnen fehlte der kollegiale Austausch und das informelle Lernen, was für das Ankommen wichtig ist.

Alles eine Frage der Bandbreite?

Mit den Unterschieden beim Lehren und Lernen auf Distanz beschäftigt sich Heidemann (2021) in seinem Beitrag „Alles eine

Frage der Bandbreite?" In der technisch vermittelten Lehre spielt die Auswahl der Medien und deren Bandbreite eine zentrale Rolle. Denn die Bandbreite als maximal mögliche Übertragungsgeschwindigkeit von Daten, bezogen auf einen festgelegten Zeitraum, bestimmt darüber, wie Informationen dargeboten, wahrgenommen und verarbeitet werden können. Entsprechend können nach Heidemann durch eine geringe Bandbreite beim Senden oder Empfangen u.a. folgende Verluste entstehen:

- Die gestörte Kommunikation durch Übertragungsprobleme,
- die geringere Spontanität in der Kommunikation, die sich in Präsenz sonst ergibt und die Dynamik in der Gruppe beeinflusst,
- die nur im geringen Umfang wahrnehmbaren nonverbale Signale, wie etwa Einverständnis oder Widerspruch, die nicht spürbar sind, sondern verbal oder in einer deutlichen Mimik ausgedrückt werden müssen,
- die fehlenden informellen Lernprozesse, die neben dem formalen durch Lehrende vorgegebene Lernen besonders wichtig sind und sonst in unterschiedlichen Kontexten, etwa auf dem Weg zur Uni, in der Mensa o.a. stattfinden und nun fehlen sowie
- die fehlende strukturierende Wirkung des Raumes.

Das Betreten „des Seminarraums mit seiner Ausstattung, der Sitzordnung wirkt klärend auf den Kontext. Die Beteiligten wissen, wo sie sich befinden, wozu sie hier sind und worum es geht. Insofern kann die räumliche Struktur, sofern sie nicht angstbesetzt ist, unterstützend auf den Lernprozess wirken" (ebd.: 38).

Diese Ausführungen machen deutlich, was aus der Schulpädagogik bekannt ist. Hier wird davon gesprochen, dass es beim Unterrichten *drei Pädagog*innen* gibt, nämlich der Raum, die Gruppe und die Lehrperson. Alle drei beeinflussen den Prozess und bestimmen über das Gelingen von Lehren und Lernen mit.

Aufgrund der Veränderungen in den vier Faktoren, wurde auch das Auftreten und der Umgang von und mit schwierigen Lehrsituationen beeinflusst. Viele Lehrende berichteten, dass die eingeschränkte Kommunikation und Wahrnehmungsmöglichkeiten sowohl das „Lesen" von Lehr- und Lernprozessen beeinträchtigte als auch den Umgang mit schwierigen Lehrsituationen beeinflusste. Was sonst in einem gemeinsamen Raum, gerade auch informell oder unter vier Augen thematisiert oder geklärt werden konnte, war nun so nicht möglich. Probleme zu thematisieren, bedeutete dann, diese im digitalen Plenum vor den Augen aller anzusprechen, extra einen Breakoutraum einzurichten oder in einem Chat schriftlich darzulegen. Studierende hatten zudem die Möglichkeit sich in schwierigen Situationen leichter zu entziehen, indem sie die Kamera ausschalteten, sich ausloggten oder geringe Bandbreite vorschoben.

Andere Lehrende wiederum berichteten in Reflexionen zu den Coronasemestern, dass sich für sie die gleichen Fragen der Didaktik stellen würden und auch der Umgang mit schwierigen Lehrsituationen der gleiche geblieben wäre. Schwierige Lehrsituationen würden sich nur anders und deutlicher darstellen und müssten unter anderen Rahmenbedingungen bearbeitet werden. In diesem Zusammenhang wurde von einem *Brennglas-Effekt* gesprochen. Hatten sich etwa schon in der Präsenzlehre nur wenige Studierenden beteiligt, zeigt sich dies im Digitalen nur deutlicher.

Wie die bisherigen Ausführungen zeigen, sind schwierige Lehrsituationen häufig in ein komplexes Bedingungsgefüge eingebunden. Dessen sollten sich Lehrende bewusst sein. Sie können anhand der Faktoren Globe, Thema, Gruppe und Ich erkennen, wo Konflikte, aber auch Ursachen für Konflikte und Schwierigkeiten liegen und wo die Ansatzpunkte für Lösungen sind. Dabei sollte bei der Betrachtung schwieriger Lehrsituationen neben Störungen und Interventionen auch die sogenannte didaktische Prävention berücksichtigt werden.

1.3 Von der didaktischen Prävention zu Störungsstufen und Interventionen

Schwierige Lehrsituationen können aus der Perspektive Planung, Durchführung und Nachbereitung bzw. Reflexion betrachtet werden (vgl. Abb. 1). Die Planung und Durchführung betrifft die sogenannte didaktische Prävention (vgl. Schumacher 2011), während sich die Durchführung und Reflexion mit dem konkreten Umgang mit schwierigen Lehrsituationen beschäftigt.

Hierzu werden mögliche Störungsstufen und Interventionen betrachtet und Aspekte des Konfliktmanagement hinzugezogen. Zugleich lassen sich bereits bei der Planung mögliche Störungen antizipieren, für die ein *Plan B* entwickelt werden kann.

Aus dem Konfliktmanagement ist die sogenannten Konfliktprävention bekannt. Störungen und Konflikte gar nicht erst aufkommen zu lassen und eine konstruktive Konfliktkultur zu etablieren, sind wichtige Aspekte, um auch in Gruppen und Lehrveranstaltung erfolgreich lernen und arbeiten zu können. Diese Idee wird hier von der Autorin auf die Hochschullehre als „Didaktische Prävention" übertragen. Sie soll, wie die Konfliktprävention auch, ein sinnvolles und zielführendes - hier didaktisches - Arbeiten ermöglichen, indem Vereinbarungen getroffen werden und auf die Bedürfnisse und Bedarfe der Beteiligten eingegangen wird.

Die didaktische Prävention setzt sich aus drei eher allgemeinen didaktischen Bereichen zusammen, nämlich

- der sinnvollen didaktischen Konzeption und Dramaturgie,
- der Lern- und Arbeitsvereinbarung sowie
- dem agilen, sprich flexiblen Gestalten und Steuern von Lernprozessen (s. Abb. 10).

Störungen und Konflikte in Lehrveranstaltungen können auch aus unangemessenen didaktisch-methodischen Konzepten oder Vorgehensweisen entstehen. Darüber hinaus gibt es beim Lehren und Lernen Phänomene, Störungen und Konflikte, die mehr mit dem Fach selbst und seinen Besonderheiten in Verbindung stehen können. Solche Schwierigkeiten sollten für die Lehre antizipiert und didaktisch sinnvoll geplant, integriert oder thematisiert werden.

Dazu eignet sich die didaktische Prävention. Diese beinhaltet ein sinnvolles, möglichst störungsfreies didaktisches Konzept, das den Studierenden vorgestellt wird und in eine Lern- und Arbeitsvereinbarung mündet, die die Zusammenarbeit definiert und vereinbart. Damit schafft sie Transparenz, setzt einen Bezugsrahmen, fördert die Motivation und thematisiert, wo nötig, schon zu Beginn der Lehrveranstaltung mögliche Schwierigkeiten. Zusammen mit der studierenden- und lernzielorientierten Gestaltung und der flexiblen Steuerung der Lernprozesse, wird so ein Fundament gelegt, das erfolgreiche Lern-, Erkenntnis- und Reflexionsprozesse ermöglicht. Damit stellt die didaktische Prävention auch die Basis für das Thematisieren von Störungen und den bestmöglichen konstruktiven Umgang mit diesen dar. Im Kapitel 2 wird dieser Aspekt weiter ausgeführt.

Abb. 10: Didaktische Prävention

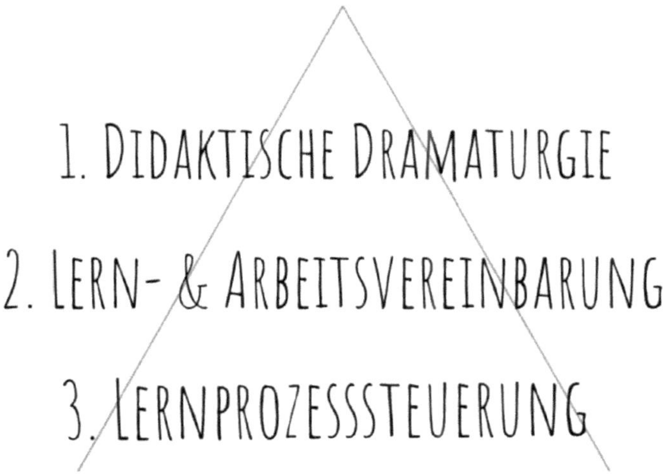

Doch auch mit einer ausgeklügelten didaktischen Prävention können schwierige Lehrsituationen, Konflikte und Lernwiderstände in unterschiedlichen Eskalations- und Störungsstufen im Semesterverlauf auftreten. Deshalb beschäftigt sich der zweite Bereich mit Konzepten und Interventionen aus dem Konfliktmanagement für den konkreten Umgang mit schwierigen Lehrsituationen. Das Modell der Störungsstufen und Interventionen, das von Schumacher (2011) für die Hochschullehre entwickelt wurde, bietet hier einen Orientierungsrahmen. Wenn Störungen auftreten, zunehmen, sich wiederholen, eskalieren oder erste Interventionen nicht greifen, wird eine Störung zum Konflikt und nimmt mehr Raum ein. Entsprechend kann man diesen Störungsstufen unterschiedlich begegnen, wie die Abbildung (Abb.11) zeigt.

Abb. 11: Störungsstufen und Interventionen

Während Störungen zu Beginn häufig noch ignoriert werden können, drängen zunehmende Störungen, die zu Konflikten werden, immer mehr an die Oberfläche. Bei der letzten Stufe ist ein Konflikt so massiv, dass er explizit in einem Konfliktgespräch oder in einer Konfliktmoderation außerhalb der Lehrveranstaltung thematisiert und bearbeitet werden muss (vgl. Kap. 3.1.5). Die sechs Störungsstufen und Interventionen sind:

1. *Ignorieren*: Eine Störung wird wahrgenommen, man geht darauf aber nicht weiter ein.
2. *Nonverbales Ansprechen*: Da sich die Störung weiter im Raum befindet, werden die Beteiligten durch Anschauen oder den Aufbau von Nähe zunächst nur nonverbal angesprochen.
3. *Ansprechen*: Die Beteiligten werden in Bezug auf das Lehrthema angesprochen.

4. *Unterbrechen*: Durch einen Methodenwechsel oder eine Pause wird die Störung indirekt unterbrochen.
5. *Thematisieren*: Die Störung wird nun explizit thematisiert.
6. *Konfliktbearbeitung*: Wenn die Störung zu einem Konflikt wird, der sich massiv auf das Lehren und Lernen auswirkt, wird eine explizite Konfliktbearbeitung geplant und durchgeführt.

Es zeigt sich, dass es beim Umgang mit schwierigen Lehrsituationen zunächst um didaktische Mittel und die Steuerung der Lernprozesse, die sich so indirekt auf Störungen auswirken können. Kommt es zu Eskalationen und ernsthaften Konflikten werden Mittel aus dem Konfliktmanagement und dem Umgang mit Widerstand wichtig (vgl. Kap. 3).

Wie das Kapitel 1.2.3 „Lehren in Zeiten von Corona" gezeigt hat, sind in der Online-Lehre aufgrund der veränderten Bandbreite Mittel wie nonverbales Ansprechen oder informelle Gespräche eingeschränkt. Welche Bedeutung die Störungsstufen und Interventionen im Rahmen synchrone Online-Lehre haben, wird im Kapitel 3.3 diskutiert.

Zunächst wird an dieser Stelle die didaktische Prävention sowie das Modell der Störungsstufen und Interventionen in einen Gesamtrahmen für den Umgang mit schwierigen Lehrsituationen gestellt.

1.4 Lehren und Konflikte lösen als Kommunikationsprozess

Die bisherigen Betrachtungen zeigen, dass Störungen, Konflikte und Widerstand alltägliche Phänomene sind und zu Lern- und Veränderungsprozessen dazugehören. Ansätze, die sich mit dem Thema Widerstand beschäftigen, suchen einen lösungsorientierten Umgang damit und auch im Konfliktmanagement wird u.a. der Frage nachgegangen, wie Kommunikationsprozesse so gestalten werden sollten, damit Konflikte konstruktiv gelöst werden können. Insofern hängt der Umgang mit schwierigen Lehrsituationen wie auch die Lehre im Besonderen mit gelingenden Kommunikationsprozessen zusammen.

Plate (2021) und GAB München (2021) beschäftigen sich mit der Frage, wie Lehr- und Lerngespräche kommunikativ sinnvoll und kompetenzorientiert gestaltet werden können. Marfels u.a. (2020) betrachten die kommunikativen Anforderungen in alltäglichen und komplexen Lehrsituationen. Grundlage hierfür sind u.a. Erkenntnisse der Kommunikationspsychologie, auf die im Folgenden kurz eingegangen wird.

Watzlawick u.a. (2011) beschreiben fünf Axiome, die die Wirkung von Kommunikation beeinflussen. Sie sind damit auch für den Umgang mit schwierigen Lehrsituationen und Konflikten relevant:

Man kann nicht nicht kommunizieren. Da sich Kommunikation immer in verbalem oder nonverbalem Verhalten ausdrückt, ist es nicht möglich, sich nicht zu verhalten oder nicht zu kommunizieren. Wenn Studierende sich beispielsweise nicht beteiligen oder die Kamera ausschalten, ist dies ebenfalls ein kommunikativer Akt, der von anderen wahrgenommen wird und Wirkung zeigt.

Jede Kommunikation hat einen Inhalts- und einen Beziehungsaspekt. Die Wirkung von Kommunikation wird durch das explizit Gesagte, also die Inhaltsebene, aber mehr noch durch die Beziehungsebene, also die Art wie etwas gesagt wird, beeinflusst. So sind dann beispielsweise Lehrende vor allem durch den Ton, wie Studierende etwas gesagt haben, verärgert. Jede Kommunikation enthält auch eine Beziehungsaussage, die durch Mimik, Gestik und Tonfall Bestätigung oder auch Bewertung etc. auslösen kann. Hieraus erklärt sich die Problematik, die sich aus der Kommunikation per E-Mail ergeben kann. Da Informationen aus der Beziehungsebene fehlen, ist die Gefahr von Missverständnissen oder Fehlinterpretationen größer, zumal unmittelbare Rückmeldungen wie sie in einem Gespräch gegeben sind, fehlen.

Kommunikation ist immer Ursache und Wirkung. Eine Beziehung wird durch die Interpunktion der Kommunikationsabläufe bestimmt. Liegt eine Störung vor, so nimmt ein/e Beteiligte/r an, dass der/die andere die gleichen Informationen besitzt, wie er/sie selbst. Durch diese subjektive Wahrnehmung passiert zumeist genau das, was er oder sie prophezeit hat. Es entsteht eine sogenannte *selbsterfüllende Prophezeiung*. Als Beispiele sind hier das Aushandeln von Noten, das einem Ping-Pong-Spiel ähneln kann oder Haltungen Lehrender zur vermeintlich fehlenden Motivation Studierender zu nennen. Diese agieren aufgrund dieser

Vorannahmen dann so, dass Studierende tatsächlich demotiviert sind bzw. werden.

Menschliche Kommunikation bedient sich analoger und digitaler Modalitäten. Die analoge Kommunikation bezieht sich auf alle nichtsprachlichen Elemente wie Gestik oder Mimik. Digitale Kommunikation bezieht sich hier – nicht zu verwechseln mit technisch vermittelter digitaler Kommunikation – auf Sprache und Schrift. Diese ist, wie die Inhaltsebene auch, eindeutiger und weniger missverständlicher als die analoge Kommunikation, die auf Interpretationen beruht. Kommunikation kann also digital und damit ohne Interpretationsspielraum oder analog, dann mit Interpretationsspielraum stattfinden. So macht es einen Unterschied, ob sich Studierende, die zu spät kommen, kurz erklären oder einfach nur Platz nehmen.

Kommunikation ist symmetrisch oder komplementär. Je nachdem ob die Beziehung von Kommunikationspartner*innen auf Gleichheit oder Unterschiedlichkeit beruht, ist die Kommunikation symmetrisch oder komplementär. In symmetrischen Beziehungen sind alle Beteiligten gleich stark und es wird die Minimierung von Ungleichheiten angestrebt, wie sie etwa in seminaristischen und diskursorientieren Lehrveranstaltungen angelegt sein können. Komplementäre Beziehungen zeichnen sich durch klare Unterschiede aus und es kommt hier zu einer Unterordnung, was klassischen Vorlesungen entsprechen kann. So wie Lehrveranstaltungsformate eher symmetrisch oder komplementär angelegt sein können, nehmen auch Lehrende unterschiedliche Haltungen ein. Ein weiteres Spannungsfeld, das sich in der Lehre ergeben kann, sind symmetrisch angelegte Lernszenarien, die in einem durch Prüfungen und Hierarchie geprägten komplementären Globe stattfinden.

Alles eine Frage der Kommunikation?

Wie die didaktische Prävention sowie die Störungsstufen und Interventionen in ihrem Gesamtzusammenhang verstanden werden, wird im Folgenden am sogenannte *Eisberg-Modell* aufgezeigt (Abb. 12). Dieses dient zur Darstellung von Kommunikationsprozessen auf der Inhalts- und Beziehungsebene und zeigt dabei den Zusammenhang von explizit Gesagtem und dem Impliziten, also der Art der Kommunikation durch Stimme und Körpersprache. Die Abbildung macht dabei deutlich, dass die Wirkung der Kommunikation sehr viel stärker durch die Art des Gesagten als durch das Gesagte selbst beeinflusst wird.

Abb. 12: Eisberg-Modell

Inhalts- und Beziehungsebene werden hier mit den zwei Bereichen didaktische Dramaturgie und Störungsstufen und Interventionen, die beide für das Thema schwierige Lehrsituationen wichtig sind, verbunden. Die Sachebene betrifft die didaktische Prävention, denn hier lässt sich vorab explizit einiges antizipieren, klären und thematisieren. Sie trägt dazu bei, dass schwierige Lehrsituationen eher nicht auftreten bzw. ein konstruktiver Umgang möglich wird. Darüber hinaus hilft das Modell im zweiten Schritt beim Umgang mit Störungen und Konflikten selbst. Diese spielen sich nämlich häufig zunächst „unter der Wasseroberfläche" ab, und können, vergleichbar mit einem Geysir, eskalierend an die Oberfläche steigen. Je nach Störungsstufe und Beeinträchtigung der Zielerreichung sollten sie dann thematisiert, bearbeitet oder gar, als letzte Intervention, für die explizite Konfliktbearbeitung „an Land geholt" werden.

Wie die Kommunikation durch das implizit Gesagte, Gemeinte oder Gehörte beeinflusst wird, lässt sich konkret am Kommunikationsmodell von Schulz von Thun (2010) aufzeigen. Er stellt in seinem Modell vier Seiten einer Nachricht vor und erklärt damit, wie Kommunikationsstörungen beim Reden und Verstehen entstehen. Die vier Seiten einer Nachricht beim Senden und Empfangen sind: Sachebene (SE), Beziehungsebene (BE), Selbstoffenbarungsebene (SO) und Appellebene (AE)

Wenn Studierende mit einem gewissen Ton sagen: *„Die Klausur war zu schwer"* stellt sich die Frage, was sie damit noch gemeint haben. Die Aussage könnte folgende Botschaften beinhaltet haben: *Die Klausur war anspruchsvoll. (SE), Sie haben die Klausur zu schwer gestellt (BE), Ich fand die Klausur zu schwer (SO), Benoten Sie nicht zu streng! (AE).* Die Reaktion hängt nun davon ab, wie Lehrende die Aussage selbst verstehen, was sie also aus dem Gesagten, dem Tonfall und der Körpersprache „herausgehört" haben. So kann die Reaktion *„Es gibt aber keine zusätzlichen Punkte"* auf das Heraushören eines Appells (AE) hindeuten.

Anhand des Modells lässt sich erklären, wie Missverständnisse entstehen und weshalb Menschen auf Situationen unterschiedlich reagieren. Lehrende sollten sich deshalb bewusst sein, wie sie selbst kommunizieren und dazu beitragen, eine Situation zu klären bzw. nicht zu Missverständnissen beizutragen. Dabei sind klare und konkrete Aussagen wichtig, aber auch konkretisierendes Nachfragen. Zwei Beispiele sollen dies veranschaulichen.

Beispiel 1: Der Betreuer einer Abschlussarbeit möchte eine Studentin ermutigen und sagt zu ihr „Sie schaffen das schon." Die Studentin ist überrascht als sie später durchfällt. Sie hat die Ermutigung als Zusage verstanden, dass sie bestehen wird.

Beispiel 2: Ein Student kommt in die Sprechstunde und meint „Zu dem Thema gibt es keine Literatur." Anstatt Hilfestellungen zu geben, ist zunächst konkretisierendes Nachfragen wichtig: „Wirklich keine?", „Wo und wie haben Sie recherchiert?", „Wo könnten Sie noch recherchieren?"...

Die obigen Ausführungen erklären zudem, weshalb schwierige Situationen besonders in der textsprachlichen Kommunikation etwa in E-Mails oder Foren entstehen. Metz u.a. (2004) zeigen wie Schreiben und Kommunizieren in der teilvirtuellen Hochschullehre gelingen kann. Nicht umsonst werden aber schwierige Situationen lieber im Face-to-Face besprochen, da textsprachliche Nachrichten anfälliger sind für Missverständnisse und Eskalationen (vgl. Knatz u.a. 2019). Im weiteren Verlauf werden Konzepte und Modelle vorgestellt, die helfen sollen, bei schwierigen Lehrsituationen durch eine angemessene Kommunikation klar zu bleiben und konstruktive Lösungen zu ermöglichen.

1.5 Zusammenfassung

Die Einführung hat gezeigt, wie sich schwierige Situationen in der Lehre darstellen können und wie die Begriffe Störungen, Konflikte und Widerstand in diesem Zusammenhang verstanden werden. Die Betrachtung des Phänomens Widerstand in ausgewählten Handlungsfeldern kann zum Verständnis schwieriger Lehrsituationen beitragen. Das 4-Faktoren-Modell der Themenzentrierten Interaktion dient als Bezugssystem der didaktischen Prävention und der Einordnung von Konflikten. Lehren und das Lösen von Konflikten wird in diesem Zusammenhang vor allem als Kommunikationsprozess verstanden.

Schwierige Lehrsituationen werden im Folgenden aus der Perspektive Vorbereitung, Durchführung und Nachbereitung/ Reflexion betrachtet. Entsprechend geht es bei der Planung und Durchführung um die didaktische Prävention (Kap. 2), bei der Durchführung und Nachbereitung/Reflexion um das Modell der Störungsstufen und möglichen Interventionen (Kap. 3). Verfahren der Selbstreflexion und Selbstfürsorge helfen dabei, für sich selbst zu sorgen und angemessene Interventionen auswählen und durchführen zu können (Kap. 4).

2 Didaktische Prävention

Die didaktische Prävention umfasst zunächst allgemeine Fragen der Lehrveranstaltungsplanung und -gestaltung, die dabei helfen sollen, schwierige Situationen eher nicht entstehen zu lassen und eine Basis zu schaffen, damit mit schwierigen Situationen konstruktiv umgegangen werden kann. Sie umfasst eine sinnvolle didaktische Dramaturgie, die Einführung einer Lern- und Arbeitsvereinbarung, ggfs. eines digitalen Knigge und die agile Gestaltung und Steuerung der Lehr- und Lernprozesse in der Lehrveranstaltung.

2.1 Sinnvolle didaktische Dramaturgie

Grundsätzlich wird bei einer sinnvollen didaktischen Dramaturgie von einer Lehrveranstaltung „aus einem Guss" gesprochen. Sie setzt sich aus dem konstruktiven Abgleichen von Lernzielen, Lernhandlungen und Leistungsnachweisen bzw. Prüfungsformen oder Lernerfolgskontrolle im Sinne des *constructive alignment* zusammen (vgl. Brendel u.a. 2019). Die sinnvolle Passung von Zielen, Zeit und Zielgruppe ist bereits ein wesentlicher Aspekt, damit Lehrveranstaltungen gelingen können und didaktische Störungen vermieden werden und sind Bestandteil allgemeiner Hochschuldidaktik.

Im Folgenden werden anhand des 4-Faktoren-Modells mögliche typische Störungen oder schwierige Lehrsituationen in der Präsenz- und Online-Lehre vorgestellt, die bereits bei der Planung beachtet werden können. Einige Störungen lassen sich antizipieren und ermöglichen die Entwicklung eines Plan B im Vorhinein.

In der Lehrveranstaltungsplanung wird klassischerweise im Rahmen der didaktischen Analyse geklärt, unter welchen Bedingungen die Lehrveranstaltung stattfindet und zu planen ist. Im Folgenden werden einige Aspekte im Rahmen des 4-Faktoren-Modells vorgestellt, die für die didaktische Prävention besonders relevant werden können. Die folgenden Aspekte werden anhand von Fallbeispielen konkretisiert und sie laden abschließend durch Reflexionsfragen, Hinweise oder Literaturempfehlungen zur Vertiefung ein:

- Globe: Kontext und Rahmenbedingen, der Globe als (virtueller) Raum, der Globe im Konfliktfall
- Thema: Lehrveranstaltungsformate, Vollständigkeitsfalle, Fehlvorstellungen, Störung als „Elefant im Raum"
- Gruppe (Studierende): Diversität und Heterogenität, Generationenkompetenz, Sonderbehandlung
- Ich (Lehrende): Rollen und Konflikte, Lehrhaltungen, Lehrende als Vorbild

2.1.1 Globe

Der Kontext und die Rahmenbedingungen, die die Lehrveranstaltung umgeben und unterschiedlich auf den Lehr- und Lernprozess einwirken, beschreibt der Globe.

Fallbeispiele

Ein Lehrender ist irritiert, weil regelmäßig in der Mitte der Vorlesung 20 Studierende den Hörsaal betreten. Wie sich herausstellt, überschneiden sich Veranstaltungen.

Eine Lehrbeauftragte bittet die Studierenden, die Kamera anzumachen. Ihr wird mitgeteilt, dass es eine Vorgabe der Hochschule gibt, dass man sie nicht dazu zwingen könne.

Ein Lehrender erklärt, dass Studierende drei Mal im Semester fehlen könnten, bevor sie ein Attest abgeben müssten. Eine Studentin fragt daraufhin nach, an welchen Terminen sie dann am besten fehlen könne.

Der Globe umfasst zunächst alle gesellschaftlichen Rahmenbedingungen und Gegebenheiten, wie die der demokratischen Grundordnung. So gibt er gesetzliche Bedingungen wie Meinungsfreiheit, Antidiskriminierung u.a. vor. Diesen Werten und Normen sind Lehrende wie auch Studierende verpflichtet. Sie können bei Konflikten, z.B. bei strafrechtlich relevanten Handlungen zum Tragen kommen.

Er beschreibt auch aktuelle Phänomene, mit denen die Gesellschaft und damit auch die Universitäten und Hochschulen konfrontiert sind, da diese Studierende u.a. zur Bewältigung von Zukunftsaufgaben befähigen.

Zudem sind mit dem Globe auch Rahmenbedingungen und Gegebenheiten einer Universität bzw. Hochschule gemeint: Ihre Verordnungen, Leitbilder, die Studienorganisation sowie Studier- und Lehrbedingungen, bis hin zur räumlichen und technischen Ausstattung. Wie das Kapitel 1.2.3 aufgezeigt hat, betrifft der Globe auch die Zugänge der Studierenden selbst, deren private Hintergründe, persönliche Kontexte und technische Ausstattungen für das digitale Studium. Lotze u.a. (2021) beschäftigen sich mit der Frage der Benachteiligung traditioneller und nicht-traditioneller Studierender im Hochschulsystem und zeigen auf, wie Studierhemmnisse auch im Globe minimiert werden können.

Ein weiter Aspekt, der sich unmittelbar auf die Hochschullehre auswirkt, ist die Einführung der „Währung Credit" durch die Modularisierung der Studiengänge. Credits sind als eher extrinsisch motivierter Faktor neben Prüfungsformen häufig der Rahmen, an dem sich Studierende orientieren, was sich dann in der Frage „Ist das klausurrelevant?" ausdrückt. *Access drives curriculum* ist der Satz, der in diesem Zusammenhang öfter fällt. Jedes noch so innovative Lehrkonzept wird von den Rahmenbedingungen mitbestimmt. Dies kann Lehrende frustrieren, gerade wenn sie mit dem Studierende andere Vorstellungen oder Erfahrungen verbinden. Darüber hinaus sehen sich Lehrende inzwischen aufgrund der Rahmenbedingen des Globe häufiger mit der Auseinandersetzung über die Notenvergabe konfrontiert. Diese wird von Studierenden inzwischen auch juristisch geführt.

Die Digitalisierung und die Veränderungen, die sich für Gesellschaft, Arbeitswelt und Bildungswesen daraus ergeben, sind ein weiterer Aspekt. Lehrende beklagen häufiger das Abgelenktsein der Studierenden durch Social Media und das Internet. Belwe u.a. (2014) sprechen gar vom „Aufmerksamkeitskiller

Smartphone." Dieses ist für die Digitale Natives ein selbstverständlicher Teil ihres Lebens und somit auch des Lernens. Maas (2021) untersucht wie die digitale Transformation die Arbeitswelt beeinflusst und wie sich der Internetkonsum auf Mitarbeiter*innen und ihre Arbeit auswirkt. Er greift dabei auf die bekannte Abbildung über die Entwicklung des Menschen vom Affen, nun bis hin zum *Homo Interneticus* (ebd. S. 19), und macht damit deutlich, dass das Internet evolutionsbiologisch und -psychologisch eine massive Veränderung der Welt und der Menschen mit sich bringt. Nicht nur Lehrende sind also mit diesen Veränderungen konfrontiert. Auch Führungskräfte müssen mit Mitarbeiter*innen umgehen, die sich in verantwortungsvollen Jobs durch Smartphone o. a. ablenken lassen (vgl. Maas 2021).

Der Globe als (digitaler) Raum

Der unmittelbarste Globe in einer Lehrveranstaltung ist der Raum. Ob Lehrveranstaltungen im Hörsaal, im Seminarraum, im Labor, in einer pädagogischen Werkstatt stattfinden oder gar im Digitalen; der Raum, seine Gestaltung sowie seine Ausstattung und auch die Anzahl der Menschen, die sich darin befinden, beeinflusst Lehr- und Lernprozesse, deren Dynamik und Atmosphäre.

In der digitalen Lehre finden das Lehren und Lernen nun in einem digitalen Globe statt. Die unterschiedliche Hard- und Software, die Lehrende wie Studierenden nutzen, die Bandbreite, aber auch Vorgaben, Möglichkeiten wie die Nutzung von Lernplattformen, virtuellen Tools und Funktionen, u.a. die Kamera, beeinflussen den Lehr- und Lernprozess. Hinzu kommt, dass sich in der synchronen Online-Lehre Lehrende und Studierende in ihrem individuellen Globe befinden, was einerseits zu weniger Ablenkungen als im Hörsaal führen kann, dafür jedoch einer größeren Selbstdisziplin bedarf und andere Ablenkungen mit sich bringen kann.

Aspekte aus dem Globe sollten bei der Planung von Lehrveranstaltung mitbedacht und, wo möglich, berücksichtigt werden. Sie zeigen aber auch, dass es zu Störungen kommen kann, die in einem größeren Zusammenhang stehen und sich gar nicht direkt in der Lehrveranstaltung klären lassen.

Fragen, die der Klärung des Faktors Globe im Rahmen der didaktischen Prävention dienen können, sind:

Welche Rahmenbedingungen, Vorgaben, aber auch Gepflogenheiten in Hinblick auf Lehren, Lernen, Beraten und Prüfen gibt es in der Präsenzlehre und digitalen Lehre? Welche Leitbilder zu Studium, Lehre, Selbststudium, dem Umgang mit Vielfalt und Diversität oder gegen Rassismus und Diskriminierung gilt es in der Lehre zu beachten?

Der Globe im Konfliktfall

Der Globe kann auch bei der Bearbeitung von Konflikten wichtig werden. So sollte beachtet werden, wo und in welchem Kontext Konflikte thematisiert, ausgetragen oder bearbeitet werden. Insbesondere bei eskalierenden Konflikten ist es wichtig, dass Lehrende über die ihnen zur Verfügung stehenden Mittel und Vorgehensweisen informiert sind.

Fragen, die bei Konflikten zentral sein können:

Welche Mittel haben Lehrende bei eskalierenden Konflikten und welche Konsequenzen bringt deren Einsatz mit sich? Wie und durch wen wird das Hausrecht zur Anwendung gebracht?

2.1.2 Thema

Mit dem Gegenstand der Lehrveranstaltung selbst, also deren Lehr- und Lernziele sowie die inhaltliche und didaktisch-methodische Ausgestaltung beschäftigt sich der Faktor Thema. Im Folgenden wird auf einige typische schwierige Lehrsituationen und zentrale Herausforderungen eingegangen.

Fallbeispiele

Eine wissenschaftliche Mitarbeiterin hält im Bauingenieurwesen für das zweite Semester eine Vorlesung zum Thema „Gender und Diversity im Bauwesen“. Da sich den Studierenden der Sinn dieser Thematik noch nicht erschließt und sich eine Vorlesung als Format für dieses Thema als eher ungeeignet erweist, hat sie im Semesterverlauf Mühe die Veranstaltung über die Bühne zu bringen. Die Studierenden beginnen, wohl auch aufgrund von Überforderung und Langeweile, sich an ihr durch provokative Zwischenrufe abzuarbeiten.

Ein wissenschaftlicher Mitarbeiter soll kurzfristig die Vorlesung seiner Chefin übernehmen, ohne sich im Thema selbst auszukennen.

Das Thema und Lehrveranstaltungsformate

Bei der Planung von Lehrveranstaltungen lässt sich feststellen, dass mit bestimmten Lehrveranstaltungsformaten typische Herausforderungen oder Schwierigkeiten verbunden sein können.

So sind *Vorlesungen* und Veranstaltungen mit sehr großen Gruppen häufig eher mit den Herausforderungen Unruhe, Seitengespräche oder mangelnder studentischer Beteiligung verbunden.

In *Seminaren* sind typische Schwierigkeiten nicht oder nur oberflächlich gelesene Texte, schlecht vorbereitete Referate und Diskussionen, die schleppend oder unangemessen verlaufen.

Bei *Übungen* können die mangelnde Vorbereitung durch Studierende oder die Erwartung von Musterlösungen die Durchführung erschweren.

Im *Laborpraktikum* können fehlende Testate zur Vorbereitung des Versuchs eine Herausforderung darstellen oder wenn Studierende das Testat nicht bestanden haben, aber den Versuch trotzdem durchführen dürfen. Wenn Sicherheitsmaßnahmen nicht eingehalten werden, kann dies im Ernstfall zu massiven Konsequenzen führen.

Ein weiteres Beispiel schwieriger Lehrsituationen beim Faktor Thema sind *Fehlvorstellungen* Studierender. Pace (2017) beschäftigt sich beim „Decoding the Disciplines" mit den typischen Problemen der Lernenden im Fach. Lehrende suchen hier nach anderen Erklär- und Verstehwegen sowie fachdidaktischen Lösungen, damit Studierende solche Fehlvorstellungen, die häufig mit Ängsten und Widerstand verbunden sind, überwinden und das Studium fortsetzen können. Dieses Beispiel zeigt auf, dass schwierige Lehrsituationen auch mit dem Fach und seiner Didaktik verbunden sein können.

Schwierige Lehrsituationen beim Faktor Thema können sich auch aus der *Vollständigkeitsfalle* (Lehner 2020) ergeben, in die

Lehrende tappen können. Sie bezieht sich auf eine der zentralen Aufgabe bei der Lehrplanung, nämlich die der didaktischen Reduktion. Das Spannungsfeld zwischen Modulbeschreibung, learning outcomes und dem Wunsch nach der Vermittlung der „Umfänglichkeit des Fachs" ist für manche Lehrende ein immerwährender Konflikt. Lehrende berichten, wie wichtig hier das Prinzip „Weniger ist mehr" ist. Die Kunst besteht darin, herauszufinden, welches Weniger welches Mehr bewirken kann.

Schwierige Lehrsituationen können auch entstehen, wenn Lehrenden entscheidende Lehr- oder Gestaltungskompetenzen fehlen oder wenn Erkenntnisse über Lehren und Lernen schlichtweg ignoriert werden. Hier kommen dann die vorgestellten Gründe für Widerstand aus Kapitel 1.1 zum Tragen, welche die Lehrenden selbst betreffen.

Empfehlungen

Da sich die obigen Aspekte eher auf allgemeine didaktische Fragen beziehen, die ausführlich in hochschuldidaktischen Qualifizierungsangeboten und Veröffentlichungen thematisiert werden, wird an dieser Stelle nur auf einige Empfehlungen verwiesen:

Schneider u.a. (2015) beschäftigen sich mit der evidenzbasierten Hochschullehre. Lehner (2018) stellt in „Erklären und Verstehen. Eine kleine Didaktik der Vermittlung" vor. Graf u.a. (2020) geben in „Zu schlau für das Publikum? Eine Anleitung zu verständlichen Präsentationen im technischen Umfeld." Brinker u.a. (2014) geben einen Überblick kompetenzorientierter und aktivierender Methoden, die befähigen, statt zu belehren. Hanke u.a. (2021) stellen Methoden zur Gestaltung interaktiver virtueller Präsenzkurse vor. Heusinger (2020) zeigt, wie Lernprozesse digital unterstützt werden können. Borinski u.a. (2019) verweisen darauf, dass in der digitalen Lehre die Didaktik der Wissensvermittlung durch Bild, Ton und Schrift eigenen Gesetzmäßigkeiten und Prinzipien folgt, die in der Lehre zu berücksichtigen sind.

Darüber hinaus soll das Portal www.einflachlehren.de der TU Darmstadt als Beispiel erwähnt werden, das, wie anderen hochschuldidaktische Portale auch, Lehrenden wichtige Tipps und Hilfestellungen, auch für den Umgang mit schwierigen Lehrsituationen, gibt.

Störungen als „Elefant im Raum"

Fallbeispiele

Während der Vorlesung läuft die Fußball-Weltmeisterschaft. Einige Studierende jubeln, als ein Tor fällt.

Studierende kommen gerade aus einer für sie schweren Klausur, verschaffen sich darüber Luft und sind erschöpft.

Ein Student schläft in der Vorlesung ein und andere beobachten ihn.

Während der Gruppenarbeit gab es einen Konflikt, was sich im Plenum durch „dicke Luft" ausdrückt.

Der Faktor Thema bezieht sich hier auf Themen, die nicht zur eigentlichen Lehrsituation gehören, sondern sich auf Störungen innerhalb der Veranstaltung beziehen. Die Prämisse „Störungen nehmen Vorrang" aus der TZI (vgl. Kap. 1.2.1) verdeutlicht, dass weitere unausgesprochene Themen mit im Raum sein können, die den Lehr- und Lernprozess mehr oder weniger beeinflussen, stören oder sogar beeinträchtigen können. Solche Themen werden als „Elefant im Raum" bezeichnet, der unausgesprochen mit im Raum schwebt und der ggfs. zu thematisiert wäre.

Solche Störungen binden häufig die Aufmerksamkeit und Studierende fragen sich, was eigentlich los ist, ob die Störung thematisiert und durch wen angesprochen wird. Der Spruch „Wenn ein Elefant im Raum ist, dann stelle ihn vor" verdeutlicht die Empfehlung, Störungen bei Bedarf zu thematisieren. Dabei müssen Lehrende entscheiden, ob sie das Motiv nachvollziehen können und ob die Störung negative Auswirkungen auf den weiteren Verlauf hat. Entsprechend können Störungen ignoriert, integriert, akzeptiert oder konfrontiert werden. Im Kapitel 3 werden diese Interventionen und weitere Strategien vorgestellt.

Fragen, die zur Klärung des Faktor Thema im Rahmen der didaktischen Prävention dienen können, sind:

Mit welchen Herausforderungen und Störungen können Sie in Ihrer Lehrveranstaltung konfrontiert sein? Wie kann ein Plan B aussehen?

2.1.3 Gruppe

Eine Lehrveranstaltung setzt sich üblicherweise aus der Anzahl der Studierenden und der Lehrperson als Gruppe zusammen. Im Rahmen der didaktischen Analyse ist es wichtig, Informationen über die Gruppe der Studierenden und deren Zusammensetzung zu erhalten. Denn deren Vorkenntnisse und Hintergründe sollten im Sinne der Studierenden- und Kompetenzorientierung in einer diversitätsgerechten Planung berücksichtigt werden und damit Anschlusslernen ermöglichen. Im Folgenden sollen hier einige typische Herausforderungen und schwierige Lehrsituationen vorgestellt werden.

Fallbeispiele

Studierende des ersten Semesters formulieren in einer anonymen Abfrage, dass sie durch das Auftreten höherer Semester eingeschüchtert wären und sich deshalb nicht beteiligen.

Studierenden fällt auf, dass sie während der virtuellen Arbeitsgruppen auf die Ergebnisse anderer Gruppen zugreifen können und kapern diese.

In der Lehrveranstaltung nehmen Studierende aus drei Studiengängen und dem ersten bis zum sechsten Semester teil.

Diversitätskompetenz

Durch die Öffnung der Universitäten und Hochschulen gibt es durch die vielfältigen Zugänge inzwischen eine hohe Diversität, die es in der didaktischen Prävention zu beachten gilt. Für Lehrende kann diese Vielfalt spannend, aber auch herausfordernd sein. Denn gerade hier können schwierige Lehrsituationen entstehen, weil unterschiedliche kulturelle oder persönliche Hintergründe, Erfahrungen, Vorstellungen und Erwartungen etwa zum Umgang mit Zeit, über Absprachen und Verbindlichkeiten u.a. aufeinandertreffen und zu Missverständnissen oder sogar Konflikten zwischen Lehrenden und Studierenden, aber auch zwischen Studierenden untereinander, führen können. Resch u.a. (2019) sprechen von *Diversitätskompetenz*, die Lehrende brauchen, um mit einer solchen Vielfalt didaktisch sinnvoll und auch konstruktiv umgehen zu können.

Auferkorte-Michaelis u.a. (2021) stellen Konzepte der Analyse und des Umgangs mit Heterogenität und Diversität im Studium vor. Hauser u.a. (2017) haben ein heterogenitätsdidaktisches Referenzmodell entwickelt, welches auf der Seite www.sqb-hetkom.de konkrete Gestaltungsmöglichkeiten für die Lehre vorschlägt. Richter (2013) zeigt anhand des TZI-Modells Möglichkeiten auf, wie diese Vielfalt in der Lehre sinnstiftend und als Chance genutzt werden kann. Ihre Leitfäden für Seminare werden im Kapitel Lern- und Arbeitsvereinbarung näher vorgestellt.

Generationskompetenz

Schwierigen Lehrsituationen beim Faktor Gruppe können auch entstehen durch die unterschiedlichen Erwartungen, Werte und Bedürfnisse, die verschiedene Generationen haben. So erleben beispielsweise Vertreter*innen der Generation der „Babyboomer", denen noch viele Lehrende angehören, die Verhaltensweisen und Einstellungen der „Generationen x, y, oder z" häufig als eher schwierig. Engelhardt u.a. (2019) beschäftigen sich in ihrem Buch „Wie tickst du? Wie ticke ich?" damit, wie sich unterschiedliche Altersgruppen und Generationen in Bildung und Beruf verstehen lernen und sprechen von der sogenannten *Generationskompetenz*, die Lehrende brauchen, um Lernende heute zu verstehen und erreichen zu können. Bereits Sokrates wird nachgesagt, er habe sich über das für ihn unangemessene Verhalten der jungen Generation beschwert.

Ein weiteres Spannungsfeld ergibt sich aus dem Altersunterschied zwischen Lehrenden und Studierenden. Da diese häufig noch sehr jung sind, befinden sie sich nicht selten entwicklungspsychologisch noch in der *Spätadoleszenz*. Es ist deshalb normal, wenn sie in ihrem Verhalten zwischen Selbständigkeitsdrang und Unterstützungswunsch wechseln und sich Lehrende dabei manchmal wie Erzieher*innen vorkommen. Die Erwartung, dass sich Studierende wie Erwachsene verhalten sollen und zur Selbstverantwortung, Selbstorganisation und Selbstmotivation in der Lage sind, kann deshalb auch eine Überforderung für Studierende darstellen, weil es dies erst noch zu erlernen gilt.

Jüngere Lehrende hingegen sehen sich eher mit der Herausforderung konfrontiert, dass sie von fast Gleichaltrigen als Lehrperson nicht erkannt oder nicht ernst genommen werden und sich Studierende eine größere Nähe wünschen. Dieses Nähe-Distanz-Verhältnis gilt es immer wieder auszutarieren, da diese Nähe für das Lehren und Lernen hilfreich, aber auch mit ungemessenen Erwartungen verbunden sein kann, wie z.B. einer freundlicheren Benotung.

Die (virtuelle) Gruppe

In der Hochschullehre gehören Gruppen- und Projektarbeiten inzwischen zum Alltag und gruppendynamische Prozesse wie Forming, Storming, Norming, Performing nach Tuckmann (vgl. Szepansky 2010) sind als „normale" Phänomene und Störungen beim Lernen und Arbeiten zu verstehen, die dazu gehören. Der konstruktive Umgang damit kann für Studierende wie für Lehrende eine Herausforderung darstellen und ist in der kompetenzorientierten Lehre ein explizites Lernziel.

Ein weiteres Phänomen beim Faktor Gruppe ist die sogenannte Gruppenarbeitsallergie (Schumacher 2011). Sie zeigt sich als Widerstand gegen Gruppenarbeiten. Dieser tritt vor allem dann auf, wenn Gruppenarbeiten nicht gut vorbereitet wurden, sie Studierenden sinnfrei erscheinen oder inflationär eingesetzt werden. Widerstand kann aber auch als Hinweis auf unterschiedliche Lernpräferenzen verstanden werden. So lassen sich Studierende, die gerne in Gruppen lernen, auf solche Sozialformen eher ein, während andere das Selbststudium bevorzugen.

Wenn *Gruppen im Digitalen* zusammenarbeiten und lernen, können die Beteiligten vor weiteren Herausforderungen stehen, da die räumliche Trennung und die technischen Gegebenheiten die Gruppe beeinflussen. Unverbindlichkeit und Distanziertheit stellen hier typische Herausforderungen dar. Bollmann u.a. (2020) beschreiben in ihrem Beitrag „WIR_tuell" Möglichkeiten, wie Gruppen im virtuellen Studium zusammenwachsen können. Sie benennen typische Herausforderungen und Probleme in virtuellen Vorlesungen, Seminaren oder Gruppenarbeiten und zeigen Studierenden auf, wie sie sich aktiv mit Vorschlägen einbringen und beteiligen können. Sie tragen somit zur Problemlösung bei und übernehmen Mitverantwortung.

Dass sich Studierende untereinander orientieren, beobachten Lehrende auch im Digitalen: Haben viele Studierende die Kamera aus, machen die restlichen sie dann häufig auch noch aus. Hat die Mehrheit der Studierenden die Kamera an, bringen sich andere eher auch mit ein. Bei *digitalen Gruppenarbeiten* stellen Lehrende fest, dass einige Studierende die Kamera aus lassen oder in dieser Phase sogar aussteigen. In einer Lern- und Arbeitsvereinbarung können solche Phänomene vorweg angesprochen, der Umgang damit thematisiert und in einem digitalen Knigge vereinbart werden. Hinweise hierzu gibt es im Kapitel 2.2.

Gleichwohl gibt es bei Gruppenarbeiten Phänomene, die vielen Lehrenden begegnen: Gruppen arbeiten unterschiedlich gut zusammen und erbringen unterschiedlich gute Ergebnisse. Lehrende müssen deshalb entscheiden, wie stark sie Gruppen anleiten und betreuen wollen oder ob sie die Verantwortung der Gruppe überlassen.

<u>Fragen, die zur Klärung des Faktor Gruppe im Rahmen der didaktischen Prävention dienen können, sind:</u>

Wie kann auf die Diversität der Gruppe eingegangen werden? Wie können Gruppenprozesse und Gruppenarbeiten in der Präsenz- und Online-Lehre so gestaltet werden, dass sie formales und informelles Lernen ermöglichen?

Zwischen Gleich- und Sonderbehandlung

Lehrende stehen vor der Herausforderung, dass sie Studierende, außer in Sprechstunden, hauptsächlich in Gruppen erleben und diese auch eher als Gruppe wahrnehmen. Zugleich sind Studierende jedoch Individuen, die mit ihren je eigenen Hintergründen und Anliegen gesehen und unterstützt werden wollen.

Schwierige Situationen können sich dann aus dem Wunsch nach Sonderregelungen ergeben, denen der *Gleichbehandlungsgrundsatz* gegenübersteht. Dabei ist wichtig, dass sich Lehrende mit dem Nachteilsausgleich sowie Unterstützungs- und Beratungsangebote auskennen und so Studierende mit Einschränkungen oder Beeinträchtigungen unterstützen können. Solche Anliegen und Fragen können zumeist besser in einem informellen Rahmen, per E-Mail oder in Sprechstunden thematisiert werden. In einer Lern- und Arbeitsvereinbarung sollte deshalb eher allgemein auf Regeln bzw. Sonderregelungen verwiesen werden, verbunden mit dem Hinweis, dass individuelle Anliegen in der Sprechstunde geklärt werden können.

Dabei macht es einen Unterschied, ob sich Studierende eine Sonderbehandlung wünschen oder ob ihnen eine Sonderbehandlung zusteht bzw. eingeräumt werden kann. Sind sich Lehrende und Studierende hierin nicht einig, können Konflikte entstehen, zu deren Klärung andere Stellen hinzugezogen werden wie etwa das Prüfungsamt oder das Justiziariat.

Fragen, die zur didaktischen Prävention besonders bei schwierigen Fällen und Konflikten wichtig sein können, sind:

Ab wann muss ein Attest eingereicht werden? Welche Sonderregelungen sind vorgesehen und möglich? Auf welche Unterstützungs- und Beratungsangebote können Studierende verwiesen werden?

2.1.4 Ich

In diesem Buch wird, wie bereits erwähnt, der Faktor Ich aus dem 4-Faktoren-Modell speziell auf die Lehrenden selbst bezogen. Lehrende bringen, wie Lernende auch, unterschiedliche Biografien, Erfahrungen und Vorkenntnisse mit. Sie unterscheiden sich in Status, Haltung und Lehrverständnis, welche wiederum das Lehrhandeln und die Haltung gegenüber Studierenden wie auch schwierigen Lehrsituationen prägen.

Fallbeispiele

Ein Professor ist von den vielen sich wiederholenden und dann auch noch vermeintlich banalen Fragen der Erstsemester genervt. Sein wissenschaftlicher Mitarbeiter erklärt ihm augenzwinkernd, dass er sich noch gut an den Einstieg ins Studium erinnere als er auch noch wenig Ahnung hatte.

Eine Professorin ist frustriert darüber, dass die Kameras aus und die Studierenden scheinbar nur an der Klausur interessiert sind. Sie wolle weder Lehrerin noch Nachrichtensprecherin sein.

Ein Lehrender beschwert sich über die Unpünktlichkeit der Studierenden. Ein Kollege meint, dass er dann selbst pünktlich sein sollte.

Kiehne (2015) bringt seine Untersuchungsergebnisse so auf den Punkt: „Die Biografie lehrt mit". Er zeigt auf, dass Rollenmodelle aus Schule und Universität bei Lehrenden zu einem Akzeptanz- oder Diskrepanz-Erleben führen. Dieses bedingt eine eher nachahmende oder eher widerstrebende Handlungsbereitschaft. Deshalb sollten sich Lehrende ihrer eigenen Biografie bewusst sein, sich mit ihrer Rolle, ihrer Lehrhaltung und ihrem Selbstverständnis auseinandersetzen. Denn eigene Lernerfahrungen, die auf die Lehre übertragen werden, passen nicht unbedingt für die Studierenden.

Weiand (2021) beschäftigt sich mit der Frage, wie die eigene Herkunft und der eigene Habitus nach Bourdieu Lehrende in ihrer Haltung und ihrem Lehrhandeln beeinflussen und welche Differenzen und Ungleichheiten sich daraus ergeben können. Dies betrifft besonders nicht-traditionelle Studierende aus anderen bzw. bildungsfernen Milieus, deren Verhalten von manchen Lehrenden als schwierig erlebt wird. Er betont die Wichtigkeit, sich der eigenen Herkunft, aber auch der eigenen blinden Flecken bewusst zu werden, um so passende Anschlüsse für Studierende finden zu können. Schmitt (2010) spricht in diesem Zusammenhang vom Habitus-Struktur-Konflikt und mahnt an, dass Probleme häufig individualisiert werden, jedoch aus struktureller Ungleichheit entspringen und sich aufgrund des unterschiedlichen Habitus ergeben. Im Artikel „Bestellt aber nicht abgeholt" (Schmitt 2010) thematisiert er die Herausforderungen, die sich ergeben, wenn Studierende mit unterschiedlichen Hintergründen und kulturellem Kapital an die Universitäten und Hochschulen kommen und dort auf Lehrende treffen, die sich nicht darauf einstellen können oder wollen. Er plädiert für eine Habitus-Struktur-Reflexivität, die Lehrende hierfür sensibilisiert. In der Praxis zeigt sich dann beispielsweise, dass Lehrende, deren eigene Lernbiografie nicht-traditionell ist, eher Verständnis für Studierende mit Schwierigkeiten haben. Weitere Aspekte, die die Reflexion und Entwicklung der eigenen Lehrhaltung und die im Zusammenhang mit schwierigen Lehrsituationen stehen können, werden im Folgenden vorgestellt.

Professor*in, Wissenschaftliche*r Mitarbeiter*in, Lehrbeauftragte*r?

Lehrende gehören unterschiedlichen Status- und Funktionsgruppen an. Auch diese können mit typischen Schwierigkeiten und Herausforderungen verbunden sein, wie einige Beispiele zeigen:

Lehrbeauftrage sind zumeist Externe und bringen häufig Praxiserfahrung, aber u.U. weniger Lehrkompetenzen mit. Sie sind weniger mit den Regelungen und Gepflogenheiten des Fachbereichs vertraut und können, weil sie weniger eingebunden sind, in Schwierigkeiten geraten ohne Ansprechpartner*innen dafür zu haben. Außerdem können Evaluationsergebnisse über die Vergabe weiterer Lehraufträge entscheiden. Da aber ungewöhnliche und arbeitsintensive didaktische Vorgehensweisen manchmal schlechter bewertet werden, wird das didaktische Konzept dann hiervon beeinflusst.

*Wissenschaftliche Mitarbeiter*innen* befinden sich zumeist in einer Sandwich-Position zwischen vorgesetzten Professor*innen und den Studierenden. Sie haben häufig eine größere Nähe zu Studierenden, was ihnen Rollen- und Loyalitätskonflikte bescheren kann. Sie haben unterschiedliche Freiheits- und Gestaltungsgrade in der Lehre, die von der Haltung der Vorgesetzten abhängen. Sie stehen möglicherweise zudem vor dem Dilemma, gute Lehre machen zu wollen und dabei die eigene Forschung nicht zu vernachlässigen. Die Thematisierung und Bearbeitung von

Konflikten kann durch prekäre Arbeitsverhältnisse und Abhängigkeiten beeinflusst werden.

*Professor*innen* verstehen sich je nach Hochschulform mehr als Hochschullehrer*in oder Forscher*in und Wissenschaftler*in. Entsprechend kommt es hier zu Rollenkonflikten, wenn der Lehre unterschiedliche Bedeutungen zugeschrieben werden. Neuberufene Lehrende müssen sich häufig erst in die Gepflogenheiten eines Studiengangs einfinden und zugleich ein eigenes Profil entwickeln. Sie berichten, dass sie noch „auf Sicht fahren", also stark mit der Aufbereitung des Themas beschäftigt sind, und dabei die Didaktik manchmal zu kurz kommt. Erfahrenere Lehrende hingegen können vom „Fluch des Expert*innentum" betroffen sein. Dieser macht es schwierig, sich in Noviz*innen und ihre Schwierigkeiten hineinzuversetzen.

Unterschiedliche Rollen und Lehrhaltungen

Die Aufgaben und Herausforderungen für Lehrende können ebenso vielfältig sein wie ihre Haltungen und das Set an Rollen. Je nach Veranstaltung, Lernziel oder Lernsituation stehen dann unterschiedliche Rollen und Aufgaben im Vordergrund. Die folgende Aufzählung deutet die Vielfalt an Rollen beim Lehren, Beraten und Betreuen an:

*Expert*in – Prüfer*in –Feedback-Geber*in – Moderator*in – Betreuer*in – Berater*in –Vorbild – Mentor*in – Projektbegleiter*in – Konfliktmoderator*in – …*

Die Aufzählung lässt erahnen, dass eben hier ein gewisses Potential für Rollenkonflikte liegt, da auch Studierenden nicht immer klar ist, welche Rolle gerade im Spiel ist.

Lehrende als Vorbild

Lehrende sind für Studierende auch Vorbilder und sollten die Leitbilder der Hochschule möglichst mittragen und deren Werte vorleben. Dabei ist der sensible und wertschätzende Umgang mit der Diversität Studierender ein zentraler Ansatzpunkt. Bretländer u.a. (2015) empfehlen, sich Vielfaltsdimensionen bewusst zu sein, um so Alltagsdiskriminierung vermeiden zu können.

Diese drückt sich in Stereotypisierung und Schubladendenken aus. Lehrende können hier Gefahr laufen, Beiträge Studierender in Lehrveranstaltungen oder Sprechstunden entsprechend einzuordnen. Beispiele für solche Stereotype sind (Bretländer u.a. 2015: 20):

- Bestätigung der Erwartungen: „So sind sie und so bleiben sie!"
- Bestätigung der Erwartung und Überlegenheit zeigen: „Es bewahrheitet sich eben immer wieder, dass ..."
- Bestätigung der Regel durch eine Ausnahme: „Bei Ihnen hätte ich gar nicht gedacht, dass Sie ... sind."

Lehrhaltung und -kompetenz entwickeln und reflektieren

Die eigene Lehrkompetenz und Lehrhaltung zu entwickeln, sich selbst zu kennen und zu reflektieren, ist in der Lehre, aber gerade auch für den konstruktiven Umgang mit schwierigen Lehrsituationen, zentral.

Im Kapitel 1.4 wurde Lehren und Konflikte lösen als Kommunikationsprozess und Basis für das Gelingen beschrieben. Pabst-Weinschenk (2016) stellt in „Stimmlich stimmiger Unterricht. Professionelle Kommunikation und Rhetorik" Möglichkeiten vor, wie Lehrhandlungen durch den angemessenen Einsatz der Stimme, der Körpersprache und eine kooperative Rhetorik durch Lehrende konstruktiv gesteuert werden können. Sie beschreibt dies als Voraussetzung für gelingendes Lehren und auch für den konstruktiven Umgang mit Konflikten. Hier ist es auch wichtig, die eigenen Grenzen zu kennen und ggfs. angemessen zu kommunizieren. Lehrende machen damit deutlich, wofür sie nicht zuständig oder verantwortlich ist. Das Kapitel Reflexion und Selbstfürsorge (Kap. 4) geht hierauf weiter ein.

Fragen, die der Klärung der eigenen Voraussetzungen und des eigenen Selbstverständnisses dienen können, sind:

Was zeichnet meine eigene Lehr- und Lernbiografie aus? In welchen Rollen sehe ich mich in der Lehre und im Umgang mit schwierigen Lehrsituationen? Worauf möchte ich als Vorbild achten?

2.1.5 Beispiel: Einsatz der Kamera

Zum Abschluss des Kapitels soll der Zusammenhang der vier Faktoren Globe, Thema, Gruppe und Ich am Beispiel „Einsatz der Kamera" aufgezeigt werden und das komplexe Bedingungsgefüge einer Lehrveranstaltung verdeutlichen. Ob und wie die Kamera in der synchronen Online-Lehre genutzt und eingesetzt wird ist vielfältig und wird von den vier Faktoren beeinflusst.

Manche Lehrenden erleben es als schwierig, mit dem Phänomen der schwarzen Kacheln in der Lehre umzugehen und sprechen sogar von der *Generation unsichtbar.* Studierende hingegen treffen auf vielfältige Anforderungen und Umgangsweisen durch Lehrende, auf die sie sich immer wieder einstellen müssen. Auch beim Einsatz der Kamera sollten verschiedene Aspekte bei der Planung bzw. Durchführung geklärt und berücksichtigt werden.

Der Faktor *Globe* betrifft die Vorgaben und Optionen der Universitäten und Hochschule sowie die technischen Zugänge und Möglichkeiten der Studierenden. So gibt es Hochschulen, die die Nutzung der Kamera aus technischen oder datenschutzrechtlichen Gründen untersagen. An einigen Hochschulen oder Fachbereichen gibt es einen *digitalen Knigge*, auch *Code of Conduct* genannt, der als Teil der Lern- und Arbeitsvereinbarung die Zusammenarbeit im Digitalen regelt und entweder von der Hochschule vorgegeben wird oder mit Studierenden gemeinsam entwickelt wurde.

Der Faktor *Thema* bezieht sich auf die Frage, inwieweit die Nutzung der Kamera für das Lernziel und den Lehr- und Lernprozess wichtig oder notwendig ist. Da es in Vorlesungen schwer ist, auf 250 Gesichter zu achten, erscheint die Kameranutzung hier weniger relevant als etwa in Seminargruppen. Diese sind häufig kleiner und leben vom Austausch und der Auseinandersetzung miteinander.

Der Faktor *Gruppe* betrifft die Dynamik der Gruppe und die Studierenden selbst. Hier kann entscheidend sein, inwiefern sich Studierende in ihrem eigenen Globe gegenüber Lehrenden und Kommiliton*innen zeigen und offenbaren wollen. Die Nutzung wird aber auch durch die Bandbreite beeinflusst, wenn es etwa zu Übertragungsstörungen kommt und Studierenden die Teilnahme nicht oder nur teilweise möglich ist. Auch kann die Dynamik der Gruppe die Nutzung der Kamera beeinflussen. So machen Studierende die Kamera häufig aus, wenn sie sehen, dass andere die Kamera ebenfalls nicht nutzen. Werden die wenigen von Lehrende dann diese immer wieder direkt angesprochen, lassen diese die Kamera u.U. auch aus, weil sie nicht immer im Mittelpunkt stehen wollen oder – wie in der Präsenzlehre auch – nicht die Leistungsträger*innen der Gruppe sein wollen.

Der Faktor *Ich* betrifft die Lehrenden selbst und bezieht sich u.a. auf die Fragen, was diese selbst brauchen, um gut lehren zu können, wie vertraut sie mit der digitalen Lehre sind und welche Art von Kontakt sie zu den Studierenden aufbauen wollen. Dabei gibt es Lehrende, die unter der Situation der schwarzen Kacheln eher leiden und andere, die davon kaum oder gar nicht betroffen sind. Sie teilen den Bildschirm und interagieren mehr oder weniger intensiv via Chat, Audiofunktion oder Abfragen – oder gar nicht.

Es gibt viele Bemühungen, wie Studierende durch Einstiegsmethoden oder informelle Gesprächssituationen mit Lehrenden und Kommiliton*innen dazu gebracht werden können, die Kamera – wo es sinnvoll ist – zu nutzen. Hierauf wird im Kapitel 2.3 näher eingegangen. Das Hochschulforum Digitalisierung (2021) hat eine Entscheidungshilfe zum Einsatz der Kamera entwickelt. Der Link dazu befindet sich im Literaturverzeichnis.

Die Gründe weshalb sich Studierende nicht beteiligen oder nicht zugeschalten, können vielfältig sein. Ob sie nicht können oder nicht wollen, kann einen entscheidenden Unterschied für den Umgang machen. Hierauf wird im Kapitel 3.6 weiter eingegangen.

Es lässt sich also feststellen, dass es keine „Musterlösung" oder Empfehlungen für den Umgang mit dem Einsatz der Kamera gibt, die immer und für alle passen. Vielmehr sollten sich Lehrende über ihre Ziele und Bedingungen klar werden, diese transparent machen und dabei auch erkennen, was realistisch durchführbar ist.

2.2 Lern- und Arbeitsvereinbarung

Zur didaktischen Prävention gehört auch die Ausformulierung und Einführung einer sogenannten *Lern- und Arbeitsvereinbarung*, von Lehrenden auch *Framework* oder *Code of Conduct* genannt. Sie beinhaltet neben der Vorstellung des didaktischen Konzepts der Lehrveranstaltung auch Spielregeln und Vereinbarungen bzw. Erwartungen, die das Lehren und Lernen und die Zusammenarbeit klären. Für die digitale Lehre wird ein *digitaler Knigge* eingeführt oder abgesprochen.

Eine Lern- und Arbeitsvereinbarung wird üblicherweise zu Beginn einer Veranstaltung vorgestellt oder zusammen mit Studierenden entwickelt und vereinbart. Sie klärt Ziele und Vorgehensweisen, aber auch Erwartungen, Regeln und Vorgaben, macht diese transparent und kann damit Studierende motivieren und Orientierung bieten. Dabei können auch erwartete schwierige Situationen oder Herausforderungen antizipiert und thematisiert werden. Dies betrifft vor allem Lehrveranstaltungen, die auf der aktiven Mitarbeit durch Studierende aufbauen, wenn sie etwa vorbereitend Texte lesen oder Übungsaufgaben lösen sollen. Mögliche Probleme und Konsequenzen können hier vorab thematisiert und der Umgang damit zusammen transparent gemacht oder mit den Studierenden vereinbart werden.

Lern- und Arbeitsvereinbarungen stellen damit einen Bezugsrahmen her und klären, wer was zu tun hat und wofür verantwortlich ist. Mit dieser Transparenz dienen sie einerseits als Sinnvermittlung und können andererseits die Motivation und Beteiligungsbereitschaft im Sinne eines Erwartungsmanagements fördern und fordern. Implizites wird explizit gemacht. Damit nehmen Lehrende durch eine präventive Maßnahme einen weiteren typischen Konflikt in der Lehre vorweg: Sie erwarten nämlich häufig Dinge von Studierenden, die sie für selbstverständlich halten, dies aber nicht explizit gemacht wurde. Denn Studierenden ist nicht immer klar, was aktive Mitarbeit genau bedeutet oder dass das kritische Diskutieren explizit erwünscht ist und die wissenschaftliche Auseinandersetzung ausmacht. Im Erwartungsmanagement findet also ein Abgleich der Erwartungen und Ziele statt.

Ob im folgenden Cartoon (Abb. 13) ein Erwartungsabgleich durchgeführt wurde, ist nicht bekannt.

Abb. 13:

Für die digitale Lehre gibt es inzwischen an Hochschulen unterschiedliche *digitale Knigge*, die für die gesamte Hochschule oder Fachbereiche gelten oder von Lehrenden individuell entwickelt werden. Sie beinhalten neben Informationen zu technischen und datenschutzrechtlichen Voraussetzungen auch Regeln für den Umgang miteinander sowie die vorgesehenen Kommunikationswege und -tools. Dabei sind Vereinbarungen, die gemeinsam und im Commitment mit Studierenden entwickelt werden, besonders sinnvoll und wirksam, da sie von alle getragen werden.

Der Umfang und die Ausgestaltung einer Lern- und Arbeitsvereinbarung muss einerseits zum Lehrveranstaltungsformat, andererseits zur Lehrperson und zur Gruppe passen. Dabei entscheiden Lehrende, was wann thematisiert werden soll, etwa zum Beginn oder beim Auftreten von Störungen. Dieses kann je nach Hochschulform und Selbstverständnis Lehrender stark variieren.

2.2.1 Aspekte einer Lern- und Arbeitsvereinbarung

Folgende Aspekte können in einer Lern- und Arbeitsvereinbarung enthalten sein. Sie sind hier als Satzanfang formuliert, so als würden sie den Studierenden vorgetragen werden. Sie stellen nur eine Auswahl dar, aus der Lehrende wählen können:

- „Wir sind hier im Modul ... in der Lehrveranstaltung ..."
- „Folgende Ziele wollen wir erreichen ..."
- „Sie sollen am Ende in der Lage sein ... Diese Ziele werden erreicht, indem sie ..."
- „Das heißt für mich, ich werde ... Das heißt für Sie, Sie werden ..."
- „Das Kontakt- und Selbststudium wird folgendermaßen synchron und asynchron gestaltet und verzahnt ..."
- „Mit folgenden Prinzipien und Regeln werden wir unsere Zusammenarbeit in der Präsenz- und Online-Lehre gestalten ..."
- „Ich stehe für Fragen und Feedback so zur Verfügung ... und bin über diese Medien ... und zu folgenden Zeiten erreichbar ..."
- „Die Veranstaltung umfasst insgesamt diese Creditpunkte ... Die Stunden für Kontakt- und Selbststudium errechnen sich so ..."
- „Folgende Beiträge, Mitarbeit und Leistungsnachweise führen zu den Credits ..."
- „Folgende Termine sind wichtig ... Wenn Termine nicht eingehalten werden können, dann ..."
- „Die Prüfungsleistung bzw. die Leistungsnachweise sehen folgendermaßen aus ..."
- ...

Eine gemeinsame Vereinbarung zu finden, ist vor allem in seminaristischen Lehrveranstaltungen wichtig, da sie von der Mitarbeit und Mitverantwortung der Studierenden abhängen kann.

Lern- und Arbeitsvereinbarungen in Vorlesungen

In Vorlesungen werden häufig Hinweise oder Regeln vorgegeben. Ein Beispiel hierfür ist der sogenannte *Harvard-Code,* der wirtschaftswissenschaftlichen Studiengängen entstammt und dort als Grundlage für Vorlesungen genutzt wird.

Der Harvard-Code

- Ich bringe im persönlichen Umgang jedem den Respekt entgegen, den ich auch selbst erwarte.
- Ich verzichte darauf, während der Veranstaltung zu essen.
- Ich komme pünktlich zur Veranstaltung.
- Ich verlasse nicht zwischendurch den Raum.
- Ich lasse mein Handy ausgeschaltet.
- Ich benutze den Computer nur für veranstaltungsrelevante Arbeiten.
- Ich beschäftige mich während der Veranstaltung nicht mit Privatlektüre.
- Ich störe die Veranstaltung nicht mit privaten Unterhaltungen.
- Ich orientiere mich in meinem Verhalten an dem im Wirtschaftsleben üblichen Umgangsformen.

Wie man an den Formulierungen des Codes feststellen kann, müssen solche Vereinbarungen immer auf die Lehrperson, auf den Studiengang und seine Gepflogenheiten angepasst werden. Für Lehrende aus den Sozial- und Gesellschaftswissenschaften oder künstlerisch-gestalterischen Studiengängen wäre ein solcher Vorlesungs-Code wahrscheinlich eher ein Anlass für Widerstand, da er den dortigen Studierenden möglicherweise als zu rigide erscheint. Dort sollte dann eher gemeinsam geklärt werden, welche, vielleicht auch nur minimalen, Vereinbarungen, wichtig sind. Dagegen müssen in den Natur- und Ingenieurwissenschaftlichen Studiengängen Regeln und Vorgaben für die Benutzung der Labore oder Werkstätten deutlich vermittelt und auch eingehalten werden. Sie sind nicht selten mit einem Testat oder einer Unterschrift verbunden.

Lern- und Arbeitsvereinbarungen in seminaristischen Lehrveranstaltungen

Gerade in seminaristischen Lehrveranstaltungen besteht häufig aufgrund des selbstorganisierten Lernens ein größerer Spielraum zur Mitgestaltung seitens der Studierenden. Richter stellt auf der Basis des TZI-Modells Ansätze vor, wie die Vielfalt gestaltet und konstruktiv mit einer heterogenen Studierendengruppe umgegangen werden kann. Sie hat dazu Leitfäden entwickelt, die inhaltliche, organisatorische und soziale Komponenten thematisieren und von Studierenden in sogenannten Arbeitsjournalen zum Einstieg und am Ende des Semesters ausgefüllt werden. An dieser Stelle werden einige der Fragen von Richter (Richter 2013: 16ff.) dargestellt:

Zum Einstieg:

- Welche Inhalte bringe ich mit dem Thema der Veranstaltung in Beziehung und was interessiert mich besonders?
- Was nehme ich mir für diese Veranstaltung vor?
- Was will ich tun, damit ich das von mir gesetzte Ziel erreiche?
- Wie schätze ich meine Vorkenntnisse ein?
- Wie viel Zeit kann/will ich für die Vor- und Nachbereitung aufbringen?
- Welche Unterstützung wünsche ich mir von den anderen Studierenden und von der Dozentin/dem Dozenten?
- Was ist mir sonst noch wichtig?

Zum Abschluss:

- Welche neuen Fragen und Erkenntnisgebiete habe ich entwickelt?
- Welche Fähigkeiten habe ich erworben?
- War meine zeitliche Planung realistisch?
- Wie habe ich den Beitrag anderer Studierender erlebt?
- Was war die wichtigste Erkenntnis, der größte Zugewinn?
- Worauf möchte ich beim nächsten Mal achten?

Reflexionsfragen:
Welche Lern- und Arbeitsvereinbarung ist für meine Lehrveranstaltung passend?

2.2.2 Erwartungsmanagement

Eine Lern- und Arbeitsvereinbarung kann das „Was und Wie" einer Lehrveranstaltung transparent machen, soll aber vor allem auch die Erwartungen und Anliegen von Lehrenden wie Studierenden klären, um so sinnvolles Arbeiten und Lernen zu ermöglichen. Das Erwartungsmanagement kann je nach Lehrveranstaltungsformat, aber auch von Lehrperson zu Lehrperson, variieren. Es kann auch einen E-Mail-Knigge beinhalten und die Erreichbarkeit klären, um auch hier Schwierigkeiten gar nicht erst aufkommen zu lassen.

E-Mail-Knigge und Erreichbarkeit

Ein Aspekt, der bei der „Rahmung" einer Lehrveranstaltung thematisiert werden sollte, ist die eigene Erreichbarkeit und der Umgang mit Emails. Lehrende berichten immer wieder, dass sie sich an eher knapp gehaltenen, teilweise fordernd wirkenden oder auch unangemessen formulierten Emails stoßen. Dies lässt sich einerseits mit dem veränderten Umgang und den Gepflogenheiten des Internets erklären. Andererseits ist eine angemessene hier schriftliche Kommunikation nicht nur an Hochschulen, sondern auch im zukünftigen Arbeitsumfeld wichtig und von daher zu erlernen. Bevor sich Lehrende also über unangemessene Emails aufregen oder gar im Affekt „zurückschießen" (mehr dazu im Kap. 4, Reflexion), kann der Umgang vorab thematisiert und in entsprechenden Situationen dann darauf Bezug genommen werden.

Etliche Lehrende zeigen inzwischen zu Beginn einer Lehrveranstaltung eine Folie mit einem *E-Mail-Knigge*, der auch im Skript oder auf der Homepage zu finden ist, und folgende Aspekte beinhalten kann:

- Ich antworte nur auf E-Mails mit Hochschul-Account.
- Ich antworte üblicherweise innerhalb von x Stunden/Tagen.
- Es werden keine Fragen beantwortet, die auf den Informationsseiten des Studiengangs (oder in den FAQ) zu finden sind.
- Bitte geben Sie in Ihrer E-Mail auch Hintergrundinformationen zu Ihnen und Ihrem Studienverlauf an. Da ich sehr viele Studierende betreue, kann ich Ihr Anliegen dann einordnen.

- Wichtige Fragen poste ich anonymisiert in ein Forum, wenn diese auch für andere wichtig sein können.
- Bitte achten Sie beim Schreiben Ihrer E-Mail auf angemessene Formulierungen, indem Sie ... (es folgen Hinweise für die Formulierung). Dies ist auch als Vorbereitung auf die Arbeitswelt wichtig.

Gerade für Studierende die unvertraut sind mit den Gepflogenheiten an einer Universität oder Hochschule kann dies Orientierung geben und verhindert „Fettnäpfchen" bzw. Ärger.

Reflexionsfragen:
Wie möchte ich den Umgang mit Emails kommunizieren?

Erwartungsabgleich

Der Abgleich von Erwartungen und Anliegen, der im Coaching als Kontraktmanagement bekannt ist und auch in Sprechstunden als Betreuungsvereinbarung bei schriftlichen Abschlussarbeiten eingesetzt wird, wird hier nun als Abgleich der Erwartungen der Beteiligten einer Gruppe eingesetzt.

Bei einer Lehrveranstaltung, die auf Kooperation und Handlungsorientierung aufbaut, empfiehlt es sich besonders, am Anfang gerade auch die Erwartungen und möglicherweise auch die Befürchtungen zu erfragen. Hierdurch wird die Basis für einen Aushandlungsprozess geschaffen. Erwartungen zu benennen, bedeutet allerdings nicht automatisch, alle bedienen zu müssen, sondern eben einen Abgleich herbeizuführen.

Eine klassische Störung ist in diesem Zusammenhang die sogenannte Alibi-Abfrage. Hier werden vorab Erwartungen und Interessen abgefragt, aber dann nicht weiter berücksichtigt. Wird also eine kooperative Arbeitsvereinbarung gewählt, dann müssen die Ergebnisse in der didaktischen Dramaturgie berücksichtigt werden. Der Plan, das Konzept oder die Schwerpunkte können sich dann entsprechend ändern. Dies erfordert ein hohes Maß an Flexibilität und Kompetenz bei Lehrpersonen. Im Veranstaltungskonzept muss in der Vorbereitung hierfür explizit Raum gelassen werden.

Folgende Vorgehensweisen haben sich beim Erwartungsmanagement bewährt. Mit ihnen wird verdeutlicht, dass es in Lehrveranstaltungen um einen gemeinsamen Lernprozess geht, für den beide Seiten Verantwortung tragen.

Möglichkeiten des Erwartungsabgleichs

Lehrende führen eine Erwartungsabfrage durch, indem sie zwei Fragen (Welche Erwartungen habe ich? Was bin ich bereit dafür zu tun?) mit Metaplankarten oder mit einem Abfragetool von Studierenden beantworten lassen. Bei diesem Vorgehen soll deutlich gemacht werden, dass die Formulierung der Erwartung nicht vergleichbar mit der Bestellung eines Menüs ist, welches Lehrende als Koch/Köchin liefern. Manchmal hilft hier der Einsatz einer Metapher, wie etwa die des Kochens. Während eine klassische Vorlesung mit einer TV-Kochshow vergleichbar ist, entsprechen kooperative Lehrveranstaltungen dann einer Kochschule, in der die Lernenden selbst am Herd stehen, wo auch mal etwas anbrennt. Andere Lehrende nutzen den Vergleich des Clubschiff AIDA, das für eine Vorlesung steht, weil dort eher etwas dargeboten wird, während Übungen und Seminare eher einer Fahrt mit dem Tretboot gleichen, bei denen es darum geht, selbst in die Pedale zu steigen.

Manche Lehrende nutzen die Kreativitätsmethode „Kopfstand", um Schwierigkeiten, die typischerweise auftreten, auf eher ungewöhnliche Art zu sammeln und den Umgang damit auszuhandeln. Dies kann zum Beispiel die Qualität von Referaten, das Lesen von Texten oder Bearbeiten von Übungen im Selbststudium oder auch längere Gruppenarbeiten betreffen. Der Kopfstand beinhaltet drei Fragen und fängt mit einer Negation an, die dann gedreht und in Ziele umformuliert wird.

Beispiel Referate

1) *Was muss passieren, damit Referate wirklich gar nichts bringen?*
2) *Was macht also sinnvolle und erfolgreiche Referate oder Referatssitzungen aus?*
3) *Auf welche dieser Aspekte wollen wir uns konkret einigen?*

Beispiel Gruppenarbeit

Frage 1: Was sind die Zeitfresser der Gruppenarbeit? Studierende benennen schwierige Situationen, die sie kennen oder erlebt haben, wie zu spät kommen, Dominanz, Passivität, Trittbrettfahren, soziales Faulenzen etc. Aus diesen formuliert die Gruppe nun Regeln.
Frage 2: Auf welche 3-4 Regeln wollen wir uns einigen, damit die Gruppenarbeit erfolgreich läuft? Die Erfahrung zeigt, dass Regeln nicht immer eingehalten werden bzw. eingehalten werden können. Deshalb wird die Gruppe nun noch aufgefordert, sich auf eine Sanktion bei Regelverstößen zu einigen. Diese unterstützt das Ansprechen von Regelverstößen. Zudem stellen sich alle Gruppenmitglieder darauf ein, dass sie ggfs. einen Kuchen, eine Zusatzaufgabe oder einen Beitrag für die Partykasse zu leisten haben.
Frage 3: Auf welche Sanktion(en) wollen wir uns einigen?

Reflexionsfragen:
Welche Formen des Erwartungsmanagements in Lehrveranstaltungen und Gruppenarbeiten erscheint mir sinnvoll?

2.2.3 Digitaler Knigge

Viele Universitäten und Hochschulen, aber auch Lehrende formulieren für die digitale Lehre einen digitalen Knigge, der sowohl technische, organisatorische Voraussetzungen und Hinweise, als auch Vorgaben zum Umgang, also der Kommunikation miteinander, formuliert. Aspekte, die ein digitaler Knigge beinhalten kann, sind:

- Technik-Check vorab, Pünktlichkeit, Profil mit Vor- und Zunamen, angemessene Kleidung, Kamera (soweit möglich) an, Nutzung virtueller Hintergründe, sofern möglich, zum Schutz der Privatsphäre.
- Vereinbarungen über die Zusammenarbeit und Kommunikationswege in synchronen und asynchronen Phasen via Chat, Abfragetools oder Meldesysteme bzw. E-Mail, Foren u.a.
- Bitte um einen höflichen und fairen Umgang miteinander

- Beachtung verständlicher und angemessener textsprachlicher Beiträge in Foren und Chats
- Verständnis zeigen bei technischen Problemen und Verzögerungen
- Konstruktive Kritik sachlich halten, angemessen formulieren und klar adressieren

Falls solche Regeln nicht selbst formuliert, sondern vorgegeben werden, kann dies ein Anlass für Widerstand auf Seiten von Lehrenden und Lernenden sein. Für manche Lehrende sind solche Vorgaben der Hochschule ein Eingriff in die Freiheit von Forschung und Lehre, andere wiederum sind froh, dass sie sich darauf beziehen können. Wichtig ist zu beachten, dass Regeln und Vereinbarungen nur fruchten, wenn sie von den Beteiligten als sinnvoll und umsetzbar erlebt und konsequent beachtet werden.

Reflexionsfragen:
Gibt es bereits einen digitalen Knigge an der Hochschule? Welche Aspekte sind mir wichtig und wie führe ich sie ein?

2.2.4 Gibt es Konsequenzen?!

Eine Lern- und Arbeitsvereinbarung sollte in ihrem Umfang und in ihrer Art angemessen und authentisch sein. Durch sie fühlen sich Studierende eingeladen, die Haltung „sich-kundig-machen-wollend" einzunehmen (vgl. Kap. 1.1). Wie der Lehralltag zeigt, werden oder können Vereinbarungen und Regeln aber nicht immer eingehalten werden. Übungen wurden nicht gemacht, Texte nicht gelesen, Termine nicht eingehalten. Insofern ist die Antizipation von Schwierigkeiten und Herausforderungen ein weiterer Aspekt der didaktischen Prävention, um gegebenenfalls auf einen Plan B zurückgreifen zu können und Studierenden zu verdeutlichen, was passiert, wenn nichts passiert.

Wie das Erwartungsmanagement gezeigt hat, kann das Antizipieren und Thematisieren von möglichen Störungen genutzt werden, um zu Regeln und Vereinbarungen zu kommen. Dazu gehört auch die Auseinandersetzung mit Konsequenzen. Mit möglichen Konsequenzen sollten sich Lehrende bereits bei der Planung beschäftigen.

Dabei muss beachtet werden, dass Ankündigungen, wann etwa ein Attest eingereicht werden muss, wann es Punktabzüge gibt oder ab wann die Hausarbeit bei Nichtabgabe als Nichtbestanden bewertet wird, zur Klarheit und Transparenz beitragen. Sie können aber auch als „Drohgebärde" aufgefasst werden, die den Studierenden das Schlimmste zu unterstellen scheint.

Konsequenzen müssen angemessen und in Maßen bedacht, eingeführt und dann auch konsequent umgesetzt werden. Denn schwierig kann es auch werden, wenn Lehrende zwar Konsequenzen einführen, betroffene Kommiliton*innen bei Verstößen aber nicht belangt werden.

Wenn Mittel wie Punktabzug, Nichtbestehen oder Zulassungsentzug zur Klausur durchgesetzt werden sollen, kann es gerade für wissenschaftliche Mitarbeiter*innen und Lehrbeauftragte wichtig sein, diesen Vorgang im Fachbereich abzuklären.

Reflexionsfragen:
Wenn Regeln nicht eingehalten werden (können), wie gehe ich damit um? Welche Mittel und Konsequenzen habe ich bei Nichteinhaltung?

2.2.5 Beispiel: Lern- und Arbeitsvereinbarungen in der Präsenz- und Online-Lehre

Das Kapitel endet mit einigen Fallbeispielen, die die Vielfalt von Maßnahmen und Formen von Lern- und Arbeitsvereinbarungen in der Präsenz- und Online-Lehre aufzeigen.

<u>Fallbeispiele</u>

Ein Professor gab zu Beginn seiner Vorlesung mit einem Augenzwinkern eine Gebrauchsanleitung für sich selbst ab. Er erklärte darin, wie man mit ihm gut auskäme und bei welchem Verhalten es „ungemütlich" würde. Im Verlauf des Semesters kam es zu zwei Situationen, bei denen er nochmal kurz auf die Gebrauchsanweisung verwies. Seine humorvolle und zugleich wertschätzende Art bewirkte, dass es zu keinen größeren Schwierigkeiten kam.

Ein wissenschaftlicher Mitarbeiter erklärt den Erstsemestern, dass sie nun an der Uni wären und nicht mehr in der Schule. Sie seien für ihr

Studium selbst verantwortlich und könnten selbst entscheiden, wann und ob sie zur Veranstaltung kommen und wie sie lernen. Er müsse darüber nicht informiert werden. Bei Fragen könnten sie in seine Sprechstunde kommen.

*Eine Professorin erklärte den Studierenden zu Beginn der Veranstaltung, dass sie die Gruppen in den Breakoutsessions besuchen würde. Es wäre o. k., wenn die Kameras ausblieben, allerdings würde sie jeweils nachfragen. Bekäme sie dann keine verbale Rückmeldung, würde sie davon ausgehen, dass der/die Student*in nicht an der Gruppenarbeit teilnehmen wolle und würde diese*n dann ausschließen. So könnten die anderen Gruppenmitglieder ohne Störung weiterarbeiten. Eine andere Lehrende kündigte in diesem Zusammenhang Breakoutsessions an und ließ die Studierenden selbst entscheiden, ob sie sich Gruppen anschließen wollten. Ihr war dabei klar, dass es Studierende gab, die individuell lernen wollten und sie nahm in Kauf, dass andere pausierten und erst später wieder dazu kamen.*

Ein Lehrender bemerkte in einer synchronen Erstsemestervorlesung sexistische und rassistische Äußerungen im Chat, die von einem Studenten geschrieben worden war. Er sprach dies an, nannte den Betreffenden beim Namen und erklärte, dass ein solches Verhalten inakzeptabel wäre. Der Studierende würde deshalb für die heutige Vorlesung ausgeschlossen. Beim nächsten Mal thematisierte er den Erwartungshorizont für den Umgang miteinander an einer Hochschule.

Wie das letzte Beispiel zeigt, ist in der synchronen Online-Lehre die Durchsetzung von Konsequenz technisch anders umsetzbar. Dieselbe Situation hätte im realen Raum, etwa in einem Hörsaal, eine gänzlich andere Dynamik nehmen können. Die betroffene Person hätte den Raum tatsächlich verlassen müssen, was möglicherweise mehr Zeit gekostet, vielleicht sogar mit Streit oder Verweigerung, also einem Machtkampf, hätte verbunden sein können. Auch wären die Anwesenden viel unmittelbarer betroffen gewesen. Die Störung hätte also wahrscheinlich mehr Vorrang genommen, Studierende hätten vielleicht bezüglich der Konsequenz Stellung genommen oder sich solidarisch gezeigt. So aber wurde das Hausrecht in diesem Fall mit einem Klick durchgesetzt. Gleichwohl ist es wichtig, die Voraussetzungen solcher Mittel und ihre Konsequenzen zu kennen und abzuwägen. So musste beispielsweise in diesem Fall dem Studierenden nach dem Ausschluss die Möglichkeit gegeben werden, die Veranstaltung nachzuarbeiten.

Diese Fallbeispiele zeigen, dass Lehrende in Situationen unterschiedlich vorgehen und individuell entscheiden. Deshalb sollten sich Lehrende bei der Planung Gedanken und einen Plan B machen, um für solche Fälle gewappnet zu sein. Dabei ist zu berücksichtigen, dass Maßnahmen Effekte auf die Faktoren Globe, Thema, Gruppe und Ich haben können, die mit einkalkuliert werden sollten.

2.3 Navigieren in (schwierigen) Lehr- und Lernprozessen

Neben dem stimmigen didaktischen Konzept und der Lern- und Arbeitsvereinbarung gibt es einen weiteren Aspekt, der zur didaktischen Prävention gehört: Die Gestaltung und Steuerung von (schwierigen) Lehr- und Lernprozessen während der Lehrveranstaltung.

Erkenntnisse aus der Gehirnforschung und Lernpsychologie zeigen, wodurch Lehren und Lernen gelingen können (vgl. Rubach u.a. 2021, Hattie u.a. 2017) und werden in die evidenzbasierte Hochschullehre übertragen (vgl. Schneider u.a. 2015). Diese Erkenntnisse sind bei der Planung und Gestaltung von Lehrveranstaltungen zu berücksichtigen. Sie zeigen dabei auch, mit welchen typischen Herausforderungen beim Lehren und Lernen zu rechnen ist und wo es zu schwierigen Lehr- und Lernprozessen kommen kann, weil diese ignoriert oder falsch eingesetzt wurden. Die TZI-Prämisse „Störungen nehmen Vorrang" bezieht sich also im Folgenden auf das Lehren und Lernen an sich.

In der Durchführung von Lehrveranstaltungen ist die Studierendenzentrierung besonders wichtig. Dies bedeutet auch, dass Lehrende Lehr- und Lernprozesse beobachten und diese je nach Bedarf flexibel gestalten und steuern. Die agile Hochschuldidaktik (vgl. Arn 2020) beschäftigt sich mit dem flexiblen agilen Vorgehen in der Lehre. Wie Lehrende vor allem in schwierigen Lehr- und

Lernprozessen navigieren können, wird im Folgenden anhand der Prinzipien für gelingendes Lehren und Lernen gezeigt.

2.3.1 Prinzipien für gelingendes Lehren und Lernen

Schachl (2005) formuliert Prinzipien, die für das Gelingen von Lehren und Lernen wichtig sind. Diese wurden von Brinker und Schumacher 2009 erstmals im Rahmen eines Jubiläums des hochschuldidaktischen Netzwerks hdw-nrw in einem unveröffentlichten Manuskript als Handreichung für neuberufene Lehrende übertragen und in „Befähigen statt belehren" (2014) veröffentlicht. Die Prinzipien werden nachfolgend auf die agile Lehrpraxis übertragen mit dem Fokus auf Herausforderungen und Schwierigkeiten in der Durchführung einer Lehrveranstaltung.

Zunächst werden die Prinzipien durch die Kreativitätstechnik *Kopfstand* vorgestellt und mit der paradoxen Überlegung verbunden, wie eine wirklich misslungene Lehrveranstaltung aussehen könnte. *Stellen Sie sich vor, Sie sollen eine wirklich schlechte Lehrveranstaltung mit möglichst vielen Störungen gestalten. So könnte es gehen:*

„Damit Störungen gelingen!"

1) Geben Sie keinen Überblick.
2) Wecken Sie keine Neugierde.
3) Machen Sie keine Ziele transparent.
4) Wiederholen Sie nichts.
5) Lehren Sie sinnlos und ohne Sinne.
6) Ignorieren Sie Emotionen und das Lernklima.
7) Geben Sie keine Rückmeldungen.
8) Machen Sie keine Pausen.
9) Bleiben Sie an der Oberfläche.
10) Ignorieren Sie eine sinnvolle Reihenfolge.
11) Berücksichtigen Sie keine Lernpräferenzen.
12) Stellen Sie Inhalte vor, ohne diese zu vernetzen.

Eine Art „hochschuldidaktisches Mischpult“

Die Prinzipien für die agile Gestaltung und Steuerung von Lehr- und Lernprozessen lassen sich anhand der Metapher des „hochschuldidaktischen Mischpults“ veranschaulichen, denn jede Lehrveranstaltung braucht eine angemessene „Aussteuerung“. Dabei kommt je nach Situation oder Schwierigkeit eher das eine oder andere Prinzip zum Tragen, wenn es sich im Missklang befindet oder „abgeschaltet“ wurde.

In den folgenden Ausführungen wird gezeigt, wie die 12 Prinzipien in der Lehrpraxis zum Einsatz kommen und welche Schwierigkeiten und Herausforderungen damit verbunden sein können. Dabei wird auf die Prinzipien „Emotionen“ und „Rückmeldungen“ ausführlicher eingegangen, da sie unmittelbar mit dem Umgang mit schwierigen Lehrsituationen in Verbindung stehen. Das Kapitel schließt mit einer Abbildung (Abb. 16) ab, die die Prinzipien vernetzt darstellt und als Orientierung dienen soll. Mit ihr wird aufgezeigt, wo die jeweiligen Prinzipien im Rahmen einer Lehrveranstaltungssitzung relevant werden können.

Die Nutzung des Mischpults hängt auch von den Lehrerfahrungen und Lehrhaltungen der Lehrenden selbst ab. Denn ein solches flexibles Vorgehen braucht neben dem entsprechenden Selbstverständnis auch die Fähigkeit, Lernprozesse Studierender, Beiträge und Rückmeldungen zu beobachten, einzuholen und darauf angemessen eingehen zu können. Lehrende verstehen sich dann als Lernbegleiter*in, Lerncoach oder Facilitator. Diese beschäftigen sich mit den „Hebeln“, mit denen Lernprozesse ermöglicht und unterstützt, Probleme ausgeräumt und für Lern- und Erkenntnisprozesse genutzt werden können.

Abb. 14: Lernprozesse agil gestalten

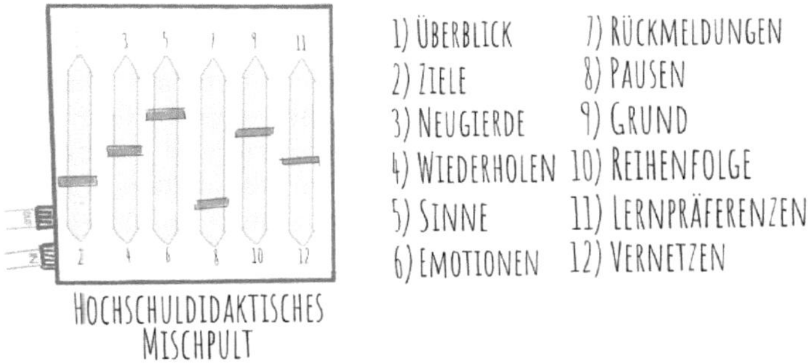

2.3.2 Die Prinzipien in der Lehrpraxis

Prinzip 1: Überblick „Hilfe, ich habe den Überblick verloren!“

Zu Beginn einer Lehrveranstaltung geben Lehrende einen Überblick, der den Ablauf- und Themenplan und die Lern- und Arbeitsvereinbarung transparent macht, so dass sich Studierende auf das Kommende einstellen können (vgl. Kap 2.2). Daneben haben sich Kognitive Landkarten (Strittmatter-Haubold 2004) bewährt. Diese grafischen Darstellungen stellen in Form von Advance Organizer o. ä. Inhalte in ihren Zusammenhängen, Bezügen und Verläufen dar und erleichtern so das Anknüpfen für Studierende.

Eine schwierige Lehrsituation kann entstehen, wenn man selbst als Lehrende*r den Überblick verliert. Etwa nach Exkursen stellt sich dann die Frage: „Wo befinden wir uns jetzt eigentlich gerade?“ Hier sind Strategien nützlich, die helfen, den Überblick zu behalten bzw. wieder zu finden. Lehrende legen sich dafür den zeitlichen Verlauf an die Seite, machen Pausen, die eine Reflexion ermöglichen, oder lassen Studierende ein Zwischenfazit ziehen. Manche thematisieren die Störung: „Jetzt habe ich den Überblick verloren.“

Reflexionsfragen:
Wie wollen Sie den Überblick fördern, behalten und ggfs. wiederfinden?

Prinzip 2: Ziele
„Also, darauf war ich nicht eingestellt."

Lernziele angemessen formulieren zu können gehört neben der didaktischen Reduktion zum „1 x 1 der Hochschullehre". Dass Studierende nicht selten andere Zielvorstellungen haben, kann als normal betrachtet werden. Ziele in der Lern- und Arbeitsvereinbarung transparent zu machen oder auszuhandeln, ist Teil des Erwartungsmanagements, das im Kap. 2.2 vorgestellt wurde. Besonders hilfreich ist es, Ziele aus der Perspektive der Lernenden zu formulieren: „Sie sind dann in der Lage..." Weiterhin ist es wichtig, Ziele sowie deren Sinn und Nutzen sowohl zu Beginn einer Lehrveranstaltung als auch in deren Verlauf immer wieder aufzuzeigen. So werden Irritationen und Widerstände vermieden und die Motivation Studierender gefördert.

Zielkonflikte gehören zu den klassischen schwierigen Lehrsituation. Die Fülle an Stoff, die Lernziele und die Interaktion in der Gruppe in das vorhandene Zeitfenster zu bekommen, gleicht manchmal einem Spagat. Lehrende berichten auch, dass es in Seminaren zu Zielkonflikten kommen kann, wenn eine Diskussion ganz andere Wege nimmt als gedacht. Sie stehen dann vor der Entscheidung, diesem zumeist spannenden Exkurs nachzugehen oder das ursprüngliche Ziel wieder in den Mittelpunkt zu stellen. Lernende in diese Entscheidungsprozesse miteinzubeziehen ist eine Möglichkeit beim agilen Vorgehen. Dabei sollten Optionen und auch Konsequenzen aufgezeigt werden: „Wenn wir dies weiterverfolgen, kommen wir nicht mehr zu ... Sie müssten das andere dann später im Selbststudium nacharbeiten. Wie wollen wir verfahren?"

Reflexionsfragen:
Welche Lernziele können realistisch erreicht werden? Wie gehen Sie mit Zielkonflikten um?

Prinzip 3: Neugierde
„Interessiert mich nicht die Bohne." „Ist das klausurrelevant?"

Die aktive Auseinandersetzung mit dem Gegenstand der Lehre ist Grundvoraussetzung für gelingendes Lernen. Motivation und Neugierde hängen eng damit zusammen. Insofern ist es wichtig, für die Lernenden einen Bezugsrahmen (Dehner 2007) zu setzen, der das „Warum & Wozu" thematisiert und dabei Bedeutungen aufzeigt und Neugierde weckt. Hierbei können Aufmerksamkeitswecker aus der Lebens-, Berufs- oder Wissenschaftswelt eingesetzt werden, die durch ihre kognitive oder emotionale Erregung, Neugierde oder Betroffenheit herstellen und so Interesse wecken. Nach Franck (2000) kann ein Thema durch ein originelles Zitat, eine These, eine provokative Frage, einen Widerspruch, ein aktuelles Ereignis oder eine Provokation o.ä. eingeführt bzw. anmoderiert werden. Dieser kann als Klammer am Ende einer Lehrveranstaltung auch für das Fazit oder die Lernerfolgskontrolle genutzt werden. Hanke u.a. (2014) empfehlen darüber hinaus Fälle, Probleme, Dilemmata und Aufgaben, die die Studierenden noch nicht lösen, deren Relevanz sie jedoch erkennen und dann später lösen können.

Es muss allerdings realistisch festgestellt werden, dass nicht jeder Aufmerksamkeitswecker für jede*n passend ist und immer wirkt oder aber andere Wirkungen zeigen kann als gedacht. Manche Wecker werden „heiß", wenn intensive Erfahrungen von Studierenden ausgelöst werden und plötzlich eine starke persönliche Betroffenheit in den Vordergrund tritt, die einen wissenschaftlichen Diskurs in diesem Moment unmöglich macht. Im Sinne der TZ-Prämisse „Störungen nehmen Vorrang" sollte diese Beachtung finden, bis ein fachlicher Diskurs möglich wird.

Reflexionsfragen:
Welche Strategien kennen Sie, um Neugierde, Aufmerksamkeit und Konzentration in der Präsenz- und Online-Lehre zu fördern?

Prinzip 4: Wiederholen
„Das haben Sie in der Vorlesung aber nicht gesagt!“

Lehrende hören immer wieder solche oder andere Kommentare, die darauf hindeuten, dass Informationen scheinbar nicht angekommen sind oder wieder vergessen wurden. Sie machen deutlich, dass Gesagtes nicht unbedingt behalten wurde oder nicht immer erinnert wird. Spitzer (2007) benutzt eine Metapher, die dieses Phänomen veranschaulicht: Liegt auf einer Wiese Schnee und eine Person läuft einmal darüber, so ergibt sich eine Spur, die bald wieder zugeschneit wird. Läuft die Person allerdings häufiger diese Strecke, so entsteht ein Pfad. Auch der Aufbau neuronaler Netze braucht Impulse, die verstärkt werden und sich u.a. durch Wiederholungen und Übung festigen.

Ausgehend von dieser Metapher lassen sich zwei weitere didaktische Herausforderungen aufzeigen: Studierende, die im ersten Semester noch wenig ausgebildete Netzwerke haben, tun sich häufig schwer, da sie weniger an schon vorhandene anknüpfen können und neuronale Netzwerke erst ausgebaut werden müssen. Erwachsenen Lernenden hingegen kann es schwerer fallen, vorhandene Pfade und ausgebaute Wege zu verlassen. Diese Netzwerke sind dann so stark, dass sie mit angebotenen neuen Lernwegen konkurrieren. Dies zeigt sich dann in der Lehre durch Zweifel, Fixiertheit, Widerstand oder in Hemmnissen.

Wiederholungen sind also ein wichtiges Prinzip in der Gestaltung von Lernprozessen und das „Sich-nicht-erinnern-können“ ein normales Phänomen. Deshalb helfen regelmäßige Wiederholungsschleifen, etwa zu Beginn und zum Ende einer Veranstaltung oder auch nach Bedarf. In der Online-Lehre sind Formen des Wiederholens und Lernerfolgskontrollen durch die technischen Möglichkeiten wie Foren, Chat, Abfragesysteme o.a. besonders gut geeignet und ermöglichen zugleich mehr Personen die (anonyme) Beteiligung.

Reflexionsfragen:
Welche Formen des Wiederholens sind für das Lernen wichtig?

Prinzip 5: Sinne

„Mindmaps verwirren mich eher!“ „Also für mich sind Visualisierungen wichtig. Dafür kann ich nichts mit Podcasts anfangen.“

Menschen nehmen die Welt mit ihren Sinnen wahr und interagieren durch sie. So zeichnen sich auch Lehrverhalten und Lernhandlungen durch ihre sinnesspezifische Gestaltung und Auseinandersetzung aus, indem Lehrende sprechen, erklären, zeigen, visualisieren, vorführen oder Lernumgebungen gestalten. Modelle zu sinnesspezifischen Lerntypen wurden empirisch widerlegt (vgl. Kirschner 2016). Bestätigt ist jedoch, dass Lernende je nach Situation und Thema unterschiedliche Sinne präferieren und unterschiedliche Darbietungs- oder Verarbeitungsformen bevorzugen.

Dies führt zu einem weiteren Phänomen „normaler“ schwieriger Lehrsituationen. Während manche Lernende mit Bildern und Visualisierungen gut zurechtkommen, entwickeln andere dagegen regelrecht Widerstand. Daraus lässt sich schließen, dass es bei der Lernprozessgestaltung auf vielfältige Lernangebote und Lernwege ankommt (vgl. Kap. 2.1). Dabei sollten sich Lehrende darüber bewusst sein, dass ihre eigene Präferenz nicht der der Studierenden entsprechen muss.

Das Prinzip Sinne steht auch im Zusammenhang mit der Gestaltung von Lernumgebungen, Lernmaterialien und Lernräumen. So kann es einen erheblichen Unterschied machen, ob im Hörsaal über Pflege gesprochen wird, Videos dazu angeschaut werden oder in einen Seminarraum ein Pflegezimmer mit Schauspieler*innen eingerichtet wurde. Für viele Studierende sind Fallbeispiele, Vergleiche oder eine bildhafte Sprache hilfreich, weil sie Theorien und Prinzipien veranschaulichen und so das „Begreifen“ unterstützen. Gerade die digitale Lehre bieten sich weitere Möglichkeiten der sinnesspezifischen Gestaltung wie etwa durch Erklär-Videos, Virtual Reality o.ä.

Reflexionsfragen:
Welche Lernzugänge und Lernwege wollen Sie ermöglichen?

Prinzip 6: Emotionen
„Ja, soll ich jetzt auch noch den Clown machen?“ „Mir ist es peinlich, mich in der Videokonferenz zu zeigen.“

Wenn Lehr- und Lernprozesse und Konflikte betrachtet werden, so lässt sich feststellen, dass diese häufig mit Emotionen verbunden sind. Studierende sind verunsichert, irritiert, verängstigt, gestresst oder verärgert, wenn es etwa um Noten, Kommiliton*innen oder Prüfungen geht. Sie können aber auch ermutigt sein durch ein Feedback, neugierig oder stolz über erreichte Ziele. Auch Lehrende sind mit Emotionen konfrontiert, wenn sie beispielweise in ihrem Lehrkonzept unsicher, verwirrt oder verärgert über Äußerungen oder Verhaltensweisen Studierender sind. Auch im Konfliktmanagement und beim Umgang mit schwierigen Lehrsituationen sind Emotionen von Bedeutung. Die damit verbundene emotionale Betroffenheit, Erregung oder auch der Stress kann sich auf das Konfliktverhalten, den Verlauf und auf die Lösungssuche auswirken. Hierauf wird im Kapitel 3 und 4 eingegangen.

Die sogenannte *Erwartungsenttäuschung* ist ein Gefühl, mit dem sowohl Lehrende als auch Studierende immer wieder konfrontiert sind. Sie ist aus der Beratung bekannt und wird dort als ein normales zum Beratungsprozess dazugehörendes Phänomen verstanden. Sie dient als Anlass zur Klärung unterschiedlicher oder unrealistischer Erwartungen, wie es auch durch die Lern- und Arbeitsvereinbarung geschieht. Dabei ist die Fähigkeit zur Ambiguitätstoleranz besonders wichtig und für Studierende möglicherweise ein notwendiges Lernziel. Denn widersprüchliche Handlungsweisen oder mehrdeutige Situationen aushalten zu können, ist eine zentrale Kompetenz, nicht nur beim Umgang mit schwierigen Situationen und Konflikten.

Von „Storming“ bis „Ernüchterung“

Wie Emotionen das Lehren und Lernen beeinflussen, zeigen verschiedene Konzepte und Modelle. Lehrende sollten sich darauf einstellen, dass sie mit diversen Dynamiken und Emotionen in der Lehre konfrontiert sein können, weil sie Teil des Lernprozesses sind.

In den Begriffen *Forming, Storming, Norming* und *Performing* der gruppendynamischen Phasen nach Tuckmann (vgl. Szepansky 2010) wird bereits deutlich, dass Gruppen verschiedene Hochs und Tiefs durchlaufen können und mit Emotionen verbunden sind. Das Modell von Grochowiak u.a. (2001) aus dem Coaching unterscheidet die vier Phasen *Neugierde, Ernüchterung, Ausdauer* und *Erfolg*, die Menschen beim Lernen und Arbeiten erfolgreich durchlaufen müssen, um ein Ziel zu erreichen. Es stellen sich dann folgende Fragen: Was weckt bei mir Neugierde? Wie gehe ich konstruktiv mit Ernüchterung um? Wie entwickle ich Ausdauer? Wie realisiere ich Erfolge? Gerade im Studium kann es wichtig sein, dass Studierende passende Lern- und Motivationsstrategien haben. Lehrende als Lernbegleiter*innen stellen sich auf solche Phasen ein und begleiten Studierende und Gruppen dabei, ermutigen sie und zeigen nächste notwendige Schritte auf.

Haltungen und Emotionen bei Abschlussarbeiten

Auch in der Betreuung von Abschlussarbeiten können Lehrende mit Emotionen von Studierenden konfrontiert sein. Ylijoki u.a. (2001) stellen Haltungen vor, die beschreiben, wie Studierende an Abschlussarbeiten herangehen bzw. diese bei der Bearbeitung durchlaufen können. Sie stellen fest, dass Studierende einer Abschlussarbeit unterschiedliche Bedeutungen zuschreiben. Sie wird entweder als Studienleistung oder als etwas Mystisches betrachtet, zudem ist die Bearbeitung negativ oder positiv konnotiert. Hieraus entwickeln sie die vier Haltungen *heroisch* (mystisch-positiv), *business-like* (Studienleistung-positiv), *tragisch* (mystisch-negativ) und *bestraft* (Studienleistung-negativ).

Schwierigkeiten können auftreten, wenn Lehrende und Studierende unterschiedliche Vorstellungen über die Bedeutung der Abschlussarbeit, die Ziele, die Qualität, die Anforderungen, aber auch über Kommunikationswege oder Betreuungsdichte haben. Deshalb ist auch hier ein Erwartungsabgleich hilfreich. Zugleich zeigt das Modell, dass die Haltungen mit bestimmten Herausforderungen verbunden sein können.

- *Heroisch*: Hohe Motivation und hoher Anspruch. Herausforderung: Fragestellung anpassen, nicht demotivieren, passende „Flughöhe“ finden und den Überblick behalten

- *Business-like*: Abschlussarbeit als letzte Studienleistung. Herausforderung: Pragmatismus anerkennen, Anspruch auf beiden Seiten thematisieren und klären
- *Tragisch*: Schlechte Vorerfahrungen oder Unsicherheit aufgrund fehlender Vorkenntnisse. Herausforderungen: Sicherheit aufbauen, anleiten, ermutigen und zur business-like Haltung anregen
- *Bestraft*: Berufseinstieg steht bevor, Abschlussarbeit erscheint unnötig oder lästig. Herausforderungen: Chance aufzeigen, Fragestellung mit Interesse finden, zur business-like-Haltung einladen, Verantwortlichkeiten klären

Emotionen in der Online-Lehre

Wie groß die Bedeutung von Emotionen im Unterricht ist und welche Auswirkungen etwa Angst, Freude, Langeweile und Leistungsmotivation auf Lehrende wie Lernende haben, zeigen Untersuchungen etwa von Rubach u.a. (2021) und Astleitner u.a. (2008). Diese beschäftigen sich mit lernförderlichen Emotionen, übertragen sie auf das E-Learning und beschreiben, welche Lehrstrategien positive Emotionen fördern und negative senken können. Der FEASP-Ansatz steht für die Emotionen Fear/*Angst*, Envy/*Neid*, Anger/*Ärger*, Sympathy/*Sympathie* und Pleasure/*Vergnügen*. Der Ansatz wird beim emotionalen Instruktionsdesign zur Analyse und Lösung emotionaler Probleme beim E-Learning eingesetzt (Astleitner u.a. 2008).

Als emotionale Probleme werden folgende Aspekte identifiziert: Angst vor Misserfolg, etwa durch schwierige Aufgaben sowie die Angst sich durch Fehler im Plenum öffentlich zu blamieren; Neid auf andere Studierende durch soziale Vergleiche etwa bei Zwischentests oder Präsentationen; mangelnde Sympathie, die sich in einer ablehnenden Haltung oder unsachlichen Angriffen gegenüber Lehrenden oder Studierenden ausdrückt sowie mangelndes Vergnügen in Lernumgebungen, das sich in einer kurzen Verweildauer auf Lernplattformen niederschlägt.

Entsprechend schlagen sie folgende Interventionen vor:

- Die Verringerung von Angst kann u.a. durch das Sicherstellen von Lernerfolgen, wertschätzendes Feedback sowie der Akzeptanz von Fehlern als Lernchance gelingen.

- Die Verringerung von Neid kann u.a. durch die Transparenz und Konsistenz der Leistungsbewertung sowie der Vermeidung ungleicher Privilegien gelingen.
- Die Verringerung von Ärger kann u.a. durch die Flexibilität von Sichtweisen und Aktivitäten sowie einen konstruktiven Ausdruck von Ärger realisiert werden.
- Für die Erhöhung der Sympathie wird vorgeschlagen, die Beziehungen zu intensivieren, kooperative Lernstrukturen zu implementieren sowie Support-Programme zur realisieren.
- Vergnügen kann erhöht werden durch Maßnahmen, die das Wohlbefinden erhöhen, durch eine offene und konstruktive Lernumgebung und Lernatmosphäre, Humor sowie spielähnliche Aktivitäten.

Eine Frage des (Lern)Klimas

Das Prinzip Emotionen ist auch mit den Fragen verbunden, in welchem Lernklima gut gelehrt und gelernt werden kann und damit auch, in welchem Klima schwierige Lehrsituationen eher entstehen und unter welchen Bedingungen sie gelöst werden können. Da Emotionen das Lernen und Lehren stark beeinflussen, ist bei der Gestaltung von Lernprozessen die Frage nach einem angemessenen Lern- und Arbeitsklima zentral. Dieses hat einerseits mit dem Auftreten und Wirken der Lehrperson selbst, ihrer Souveränität und Nahbarkeit zu tun, andererseits aber auch mit dem Umgang untereinander. Dabei kann das Bild vom Klima bei der Analyse von Lehrsituationen helfen, indem sich Lehrende im Veranstaltungsverlauf oder danach diese Fragen stellen: *Wie ist das Klima in der Veranstaltung? Welche Temperatur erscheint für das Lernen angemessen? Was ermöglicht einen Klimawandel? Welches Klima ist für die Thematisierung von Schwierigkeiten hilfreich oder sogar notwendig?*

Viele Lehrende streben eine wertschätzende und konstruktive Atmosphäre in ihren Veranstaltungen an. Diese ist auch die Voraussetzung für Offenheit, Vertrauen, konstruktives Feedback und Fehlerfreundlichkeit. In der Beratung wird diese Art der Beziehung *Rapport* genannt und gilt als Voraussetzung, dass sich Menschen auf Veränderungen und Lernen einlassen. Dilts (2000) beschreibt, wie Rapport in Gruppen aufgebaut werden kann. Eine angemessene Lern- und Arbeitsbeziehung, ein „guter Draht" oder vertrauensvoller Kontakt, den man zu anderen aufbaut, ist die Basis für das Gelingen beim Lehren und Lernen. Sie drückt sich von Person zu Person und je nach Fachkultur verschieden aus.

Wenn Rapport die Voraussetzung ist, damit Menschen gut miteinander arbeiten und lernen können, ist er auch für den Umgang mit schwierigen Lehrsituationen entscheidend. Angemessener Rapport kann die Bereitschaft Studierender erhöhen, Störungen und Probleme anzusprechen und mit Störungen konstruktiv umzugehen. Wenn Rapport hingegen fehlt, so wird das Thematisieren von Störungen zumeist schwierig.

Hier kann sich für Lehrende eine weitere schwierige Situation ergeben, nämlich wenn sie sich mehr Nähe wünschen und anbieten, Störungen zu besprechen, dieses aber von Studierenden nicht erwünscht wird, weil sie Distanz wollen. Lehrende berichten, dass Studierende manchmal gar keine Klärung von Störungen wollen, den angebotenen Rapport ablehnen oder sogar brechen. In der synchronen Online-Lehre kommt es dann zu Situationen, in denen Lehrende Studierende ansprechen und diese daraufhin das Video ausmachen.

Rapport online aufzubauen, stellt eine eigene Herausforderung dar. Bollmann u.a. (2020) zeigen Möglichkeiten auf, wie man im Virtuellen zusammenwachsen und damit Rapport fördern kann. Nicht umsonst wird beim E-Learning empfohlen, in einem ersten Kick-Off das persönliche Kennenlernen und erste Vernetzen vor Ort zu ermöglichen, bevor das digitale Lernen beginnt.

Während der Pandemie berichteten Lehrende wie auch Studierende, dass ihnen der persönliche Kontakt und Austausch besonders gefehlt hatten. Studierenden fiel die aktive Mitarbeit und das Fragenstellen entsprechend schwer. Lehrende gestalteten deshalb mehr informelle Situationen und niedrigschwellige Gesprächsanlässe. So begannen einige mit einem gemeinsamen Kaffeetrinken vor der Vorlesung, richteten eine Pausenlounge als Breakoutsession ein oder sie beendeten die Veranstaltung früher, um im Anschluss eine informelle Sprechstunde zu halten.

Reflexionsfragen:
Wie gelingt es Ihnen, ein angemessenes Klima aufzubauen?

Prinzip 7: Rückmeldung „Das Referat war gut." „Ich will kein Feedback, sondern die Note."

Die Abbildung der Kommunikationsanlässe in Studium und Lehre aus dem Einführungskapitel (vgl. Abb. 3) zeigt zugleich unterschiedliche Anlässe für Feedback in Lehre, Beratung und Betreuung auf. Lehrende gehen auf Beiträge und Rückfragen Studierender ein, geben ihnen Rückmeldungen zu Lernhandlungen und Arbeitsergebnissen. Studierende geben Lehrenden Rückmeldungen zur Gestaltung von Lehrveranstaltungen. Studierende wie Lehrende geben Kommiliton*innen etwa nach einem Referat Feedback. Wie das Feedback in der Hochschullehre methodisch gestaltet werden kann, zeigen Dainton (2018), Brinker u.a. (2014). Hartung (2017) zeigt auf, wie in der Online-Lehre Feedback lernförderlich gestaltet werden kann. Hecht u.a. (2020) beschäftigen sich mit der Frage, wie Lehrende durch Feedback Klassenführungskompetenzen entwickeln können.

Hattie u.a. (2017) stellen fest, dass Feedback einer der entscheidenden Faktoren für erfolgreiches Lernen ist. Wisniewski u.a. (2018) übertragen diese Erkenntnisse auf das Thema Unterrichtsfeedback und formulieren folgende Funktionen für Rückmeldungen: Ermutigung und Motivation, Identifizierung persönlicher Stärken und Schwächen sowie von blinden Flecken, Reflexion, Förderung von Mitbestimmung und Relativierung von Einzelmeinungen. Feedback kann sich dabei auf die Aufgaben (Wie gut wurde die Aufgabe verstanden oder erledigt?), den Prozess (Was muss getan werden, um die Aufgaben zu meistern?) und die Selbstregulation (Was können Lernende machen, um das Lernen erfolgreich selbst zu steuern und zu überwachen?) beziehen.

Feedback-Prozesse sind auch zentral, wenn es um den Umgang mit schwierigen Situationen geht. Denn die Konfliktbeteiligten beschreiben hier ihre individuellen Sichtweisen und ihr Erleben, gleichen Selbst- und Fremdwahrnehmungen ab und formulieren, was schwierig und was wünschenswert ist. Die Feedback-Regeln, wie sie die TZI (vgl. Kap. 1.2.1) formuliert hat, sind also für gelingende Lehr- und Klärungsprozesse wichtig. Im Folgenden wird Feedback bezüglich der Steuerung von Lernprozessen sowie in schwierigen Situationen näher ausgeführt.

Feedback-Prozesse gestalten und steuern

Lehrende machen die Erfahrung, dass das Feedback, das sich Studierende untereinander geben, entweder sehr wohlwollend, unkonkret oder eher kritisch ist. Deshalb ist die Einführung von Feedback- und Gesprächsregeln im Rahmen einer Lern- und Arbeitsvereinbarung wichtig. Solche Regeln müssen eingeübt und auf deren Einhaltung geachtet werden. Schwierige Situationen können entstehen, wenn Feedback nicht angemessen gestaltet oder organisiert wird. Dann entstehen Situationen wie diese, die Karl Valentin so auf den Punkt bringt: „Es ist zwar alles gesagt, nur noch nicht von allen."

Es zeigt sich, dass eine differenzierte Gestaltung des Feedbacks seine Qualität und auch seine Bedeutung aus Sicht Studierender positiv beeinflussen kann. Möglichkeiten der Gestaltung und Steuerung von Feedbackprozessen sind Folgende:

Feedback an Studierende in der Lehre:

- Verteilung von Beobachtungsaufgaben
- Vortragende nennen einen Beobachtungswunsch
- Schriftliche Fremd- und Selbsteinschätzungsbögen
- Nur einzelne, also nicht alle, geben Feedback
- Ein kurzes Feedback im Plenum, ein ausführliches in der Sprechstunde
- Formulierungshilfen zum Feedback geben: „Mir hat ... gefallen, weil ... (Wirkung). Ich würde mir noch ... wünschen, das..., damit ... (Effekt).
- Darauf achten, dass das erste Feedback differenziert ist, weil es die weiteren Feedbacks beeinflusst
- Lehrende geben erst zum Schluss ein Feedback, das fehlende Aspekte ergänzt oder nochmals Aspekte pointiert

Feedback zur Lehre oder zur Situation einholen:

- Feedbackfunktionen bei Videokonferenzsystemen, Lernplattformen oder Learning-Tools nutzen
- Schriftliche und anonyme Rückmeldungen fallen Studierenden manchmal leichter, können allerdings auch unangemessen oder missverständlich sein

- Feedback nach Arbeitsphasen einholen „Wie ist es Ihnen mit dem Arbeitsauftrag ergangen?“ um für den nächsten Arbeitsschritt entsprechende Änderungen vorzunehmen oder auch Rückmeldungen einzuordnen
- Wenn die Zeit eng wird, Methoden modifizieren oder Kurzformate auswählen, z.B. Ein-Wort-Feedback oder einen kurzen Kommentar im Chat schreiben lassen

Als eine weitere Schwierigkeit benennen Lehrende, dass Studierende manchmal gar kein Feedback wollen, sondern nur die Noten bzw. Credits. Sie müssen hier entscheiden, ob sie das Feedback als Angebot stehen lassen oder ob sie nachsteuern. Dabei zeigt die Erfahrung, dass Angebote eher von Studierenden angenommen werden, die es eigentlich nicht brauchen. Deshalb integrieren Lehrende das Feedback in eine der letzten Sitzungen oder verbinden es mit dem Leistungsnachweis, indem das Feedback nochmals eingearbeitet werden muss. Da Feedback aber wesentlich auf Freiwilligkeit basiert, also erwünscht sein sollte, zeigt sich an dieser Stelle eine grundlegende Schwierigkeit: Da viele Anlässe für Feedback, wie etwa Vorbesprechungen von Referaten oder Abschlussarbeiten, auch Teil eines Leistungsnachweises sein können und bewertet werden, kann es für Studierende unklar bleiben, ob die Rückmeldung empfohlen oder verpflichtend ist. Hier ist dann eine (Auf)Klärung wichtig und welche Folgen sich daraus ergeben können.

Feedback als zentrales Mittel der Lernprozess-Steuerung und zur Klärung von Schwierigkeiten

Wisniewski u.a. (2018) unterscheiden drei Arten von Rückmeldungen im Unterricht. *Feed-back* beschreibt, wie die Veranstaltung oder Situation erlebt wurde und was wichtig war. *Feed-up* stellt dar, wo jemand steht und wie es ihm/ihr gerade geht. *Feed-forward* ist in die Zukunft gerichtet und umfasst, was jemand mitnimmt und was sein/ihre nächsten Schritte sind. Äußerungen von Studierenden lassen sich häufig diesen drei Kategorien zuordnen. Beim Umgang mit schwierigen Lehrsituationen kann es hilfreich sein, den Fokus des Feedbacks zu steuern. Denn gerade beim lösungsorientieren Konfliktmanagement (vgl. Kap. 3) soll die Perspektive in die Zukunft und auf Veränderungen gelegt werden. Entsprechend würden Studierende aufgefordert, nicht nur über die Gründe des Scheiterns der Gruppenarbeit zu sprechen, sondern auch darüber, was es braucht, damit es in Zukunft besser läuft.

Bei Feedback können noch diese Fragen hilfreich sein: *„Was habe ich wahrgenommen? Wie hat es auf mich gewirkt? Was wünsche ich mir?"* In Feedbacksituationen sollten Lehrende auf Formulierungen achten. So kann ein „und" integrativ, ein „aber" eher konfrontativ wirken und den vorherigen Feedbackaspekt abwerten. Allerdings ist das „aber" gerade dann wichtig, wenn der Bezugsrahmen verdeutlicht oder in einer schwierigen Lehrsituation eine Grenze aufgezeigt werden soll, wie in diesem Beispiel: *„Sie haben gerade ihre politische Meinung geäußert, das ist aber nicht Gegenstand dieser Diskussion."*

Gerade bei der agilen Steuerung ist Feedback zentral, weil es Lehrenden verbale und nonverbale Informationen gibt, die zeigen, wo Studierende stehen und was sie noch zum Lernen brauchen. Auch wenn sich in der Online-Lehre mehr technische Möglichkeiten für Feedback, wie etwa durch Abfragen ergeben, formulieren doch viele Lehrende, dass ihnen das nonverbale „Scannen" der Gruppe aufgrund der technischen Besonderheiten in der synchronen Online-Lehre schwerer fällt oder gar unmöglich macht, während in einem realen Raum das Beobachten der Prozesse und Reaktionen deutlich besser wahrnehmbar ist.

Reflexionsfragen:
Wie und wo können Sie Feedback-Schleifen integrieren? Wodurch wird konstruktives Feedback in schwierigen Lehrsituationen möglich?

Prinzip 8: Pausen
„Ich kann nicht mehr." „Darüber muss ich erst nachdenken!"

Lernprozesse brauchen eine passende Rhythmisierung von Aneignungs- und Verarbeitungsphasen. Döring u.a. (2001) vergleichen das Lernen als einen Prozess des Einatmens und Ausatmens. Pausen haben deshalb beim Lehren als auch beim Lernen eine wichtige Funktion, denn sie geben Zeit zum Verarbeiten und

Integrieren. Dabei lassen sich drei Pausenarten unterscheiden: Verarbeitungs-, Denk- und Verschnaufpausen.

Denkpausen verschaffen Studierenden kurz Zeit, über das Gehörte oder die gestellte Frage nachzudenken und sind nach Vermittlungsphasen wichtig. Solche Denkpausen werden vor allem durch kurze Aktivierungen ermöglicht z.B. durch Think-Pair-Share, Abfragen, One-Minute-Paper oder Lehrstopp.

Verarbeitungspausen beinhalten längere Lernhandlungen Studierender sowie Reflexionen und dienen, wie auch der Schlaf, der Integration des Gelernten in vorhandene Netzwerke.

Verschnaufpausen hingegen sind explizite oder implizite Maßnahmen, die den Studierenden ein kurzes Pausieren ermöglichen, um wieder Kraft zu schöpfen und die Aufmerksamkeit und Konzentration fördern. Implizite Verschnaufpausen sind Medien- und Methodenwechsel, explizite klassische Kaffeepausen sowie Rituale als Unterbrechung. Dies kann etwa in einer BWL-Vorlesung das Vorlesen einer Managementglosse oder ein Ausschnitt aus „Science of stupid" im Maschinenbau sein.

In der synchronen Online-Lehre haben sich kurze „Biopausen" bewährt. Während dieser können sich alle kurz vom Bildschirm entfernen. Eine „Pausen-Lounge" in einem virtuellen Arbeitsraum zur Mitte der Veranstaltung ermöglicht Studierenden zu pausieren und dabei ins Gespräch zu kommen, was sonst in der Cafeteria passieren würde.

Göring u.a. (2013) beschäftigen sich mit dem Zusammenhang von Lernen und Bewegung. Sie empfehlen unterschiedliche Formen, um Bewegung ins Lernen zu bringen und so Lernprozesse zu unterstützen. An einigen Hochschulen gibt es inzwischen den sog. „Pausenexpress". Hier führen externe Anleiter*innen mit Studierenden kurze Bewegungseinheiten durch. Manche

Pausen aushalten

Neben dem Einräumen von Pausen kann das Aushalten von Pausen während einer Veranstaltung für Lehrende eine weitere Herausforderung darstellen. Die Gründe, weshalb Studierende sich nicht beteiligen können vielfältig sein und werden im Kapitel 3 weiter ausgeführt. Aus den bisherigen Ausführungen lassen sich für die agile Gestaltung folgende Schlüsse ziehen: Studierende sind häufiger stillaktiv, denken also gerade nach. Deshalb ist es wichtig, mehr Zeit einzuräumen und solche Situationen aus der Perspektive der Studierenden zu betrachten. In der Schulpädagogik wird empfohlen, während einer solchen „Denkruhe" bis 30 zu zählen.

Eine kurze Denkpause

Zum Ende dieses Prinzips werden Sie als Leser*in eingeladen, sich einen Moment Zeit zu nehmen und über das Gelesene nachzudenken. Möglicherweise tun Sie dies, möglicherweise entscheiden Sie sich aber auch dagegen. Eben dies geschieht auch bei Studierenden.

Wenn Sie eine Denkpause einräumen, sollte Ihnen klar sein, dass Studierende diese unterschiedlich nutzen werden. Manche machen dabei vielleicht etwas gänzlich anderes. Von daher müssen Sie als Lehrende*r entscheiden, wie stark Sie Lernprozesse steuern wollen. Manche Lehrenden sehen solche Impulse eher als Angebot zum Nachdenken, andere steuern enger und holen Rückmeldungen ein. Dies sollte vorab angekündigt werden, beispielsweise so: „In zwei Minuten gehe ich auf einige Ihrer Überlegungen und Fragen ein."

Reflexionsfragen:
Welche Denk- und Verschnaufpausen wollen Sie in der Präsenz- und Online-Lehre bei Bedarf einsetzen?

Prinzip 9: Grund
„Keine Ahnung, das haben wir nur überflogen."

Wenn Inhalte nur überblickshaft und oberflächlich dargestellt und behandelt werden, führt dies zum sogenannten „Oberflächenlernen". Demgegenüber steht das „Tiefenlernen", welches Verstehen und nachhaltiges Lernen ermöglicht. Dazu müssen Konzepte gründlich bearbeitet werden, um die Spuren im Schnee (vgl. Prinzip Wiederholen) zu verlässlichen Wegen werden zu lassen. Kompetenz- und handlungsorientierte Lehrkonzepte streben ein solches Lernen an. Dabei wird deutlich, dass dies Zeit und Anleitung benötigt und eher durch exemplarisches Lernen möglich wird. Literaturhinweise für die didaktische Gestaltung wurden im Kapitel 2.1.2 vorgestellt.

Lehrende und Studierende stehen vor der Frage, wie sie mit der Fülle an Inhalten, Texten, Lernaufgaben u.s.w. umgehen sollen, wo sie Prioritäten setzen und sich Zeit nehmen für die Vertiefung. Dass es hier zu Interessenskonflikten kommt, ist eine weitere klassische schwierige Lehrsituation. Lehrende brauchen hier eine gewisse „didaktische Demut", dass nicht immer alles möglich ist und Studierende selbst entscheiden, mit was sie sich wann gründlicher auseinandersetzen.

Letztlich ist ein zentrales Mittel, um auf den Grund zu kommen, kluge Fragen zu stellen. Manchmal ist es dabei sinnvoll, Studierende mit Fragen in die Tiefe zu führen, da sie selbst noch nicht wissen, welche Fragen sinnvoll wären. Fragen können aber auch zur Klärung des Verstehens genutzt werden (vgl. Prinzip Rückmeldung). So erklärten Studierende zu Beginn einer Veranstaltung, dass das Thema bereits in einer anderen Veranstaltung behandelt wurde. Die Lehrende reagierte darauf, indem sie sie einlud, das Thema gemeinsam zusammenzutragen. Wie sich zeigte, war die Vertiefung und Wiederholung durchaus sinnvoll.

Reflexion
Wie können Sie zum gründlichen Lernen anregen und anleiten?

Prinzip 10: Reihenfolge
„Also wir konnten darin keinen roten Faden erkennen."

Für das Lernen ist eine sinnhafte und aufeinander aufbauende Struktur wichtig. Nicht umsonst geht die didaktische Reduktion vom „Einfachen zum Komplexen" und vom „Exemplarischen zum Komplexen" aus. Für Studierende ist es nicht immer leicht, den roten Faden einer Lehrveranstaltung oder des Moduls nachzuvollziehen. Dies führt zu Verwirrungen und Störungen, weil die Sinnhaftigkeit nicht deutlich ist oder Anschlüsse schwierig werden. Lehrende haben dann etwa mit einer großen Heterogenität zu tun, wenn Module frei wählbar sind. Hier kommen didaktische Konzepte an ihre Grenzen und solche Probleme gehören eher zur Studiengangentwicklung, also zum Globe.

In Lehrveranstaltungen können schwierige Situation besonders in Diskussionen entstehen, wenn der rote Faden nicht klar wird. Eine solche Situation kann didaktisch als Teil des Erkenntnisprozesses genutzt werden, indem Studierende angeregt werden, einen eigenen roten Faden zu formulieren. Im Prinzip Überblick wurden weitere Maßnahmen vorgestellt, wie Lehrende den Überblick - und hier nun auch den roten Faden - wieder finden können, weil er gerade bei Störungen verloren gehen kann.

Kommt es zu Störungen in der Lehrveranstaltung, kann dies auch den vorgesehenen Ablauf stören und verändern. Insofern betrifft dieses Prinzip auch die Lehrveranstaltung an sich. Neben der Planung des Ablaufs kann es nämlich hin und wieder Sinn machen, Ziele oder Vorgehen zu verändern, weil auf aktuelle Bedarfe oder Fragen eingegangen werden soll. Lehrende beobachten also den Lernprozess und entscheiden, was als nächstes benötigt wird. Dies kann sich von Gruppe zu Gruppe unterscheiden. Ein solches Vorgehen hilft, Lernprozesse sinnhaft zu gestalten.

Reflexionsfragen:
Was macht einen sinnvollen roten Faden aus?

Prinzip 11: Lernpräferenzen
„Ich fand die Spielchen zur Statistik überflüssig."
„Fallbeispiele fand ich besonders wichtig."

Betrachtet man die bisherigen Ausführungen, so wird deutlich, dass Lernende vielfältige Lernpräferenzen haben, die für das Gelingen des Lernens berücksichtigt werden sollten, aber eben auch Anlass für schwierige Lehrsituationen sein können. Die folgende Abbildung (Abb. 15) fasst dies in einer Momentaufnahme verschiedener Stimmen zusammen.

Abb. 15: Vielfalt von Lernpräferenzen – eine Momentaufnahme verschiedener Stimmen

„Also ich komme mit Vorlesungen und dem Selbststudium gut zurecht. Gruppenarbeiten lösen bei mir eher Widerstand aus." „Ich lerne am besten durch Beispiele, wenn es konkret und abwechslungsreich ist." „Also mich interessieren beim Lernen vor allem erstmal die Vorgaben und was ich tun soll." „Ich lerne am besten, wenn wir gemeinsam über Dinge nachdenken. In der Gruppe kommen mehr Ideen zustande." „Auch wenn es ein Skript gibt, muss ich mir eigene Notizen machen, damit ich es behalte."

Sievert u.a. (2016) haben ein System von Lehr- und Lernpräferenzen entwickelt und erklären damit, wie es aufgrund unterschiedlicher Präferenzen bei Lehrenden und Studierenden zu Schwierigkeiten, Lernhindernissen und Widerstand kommen

kann. Sie unterscheiden zwischen den vier Dichotomien Extraversion oder Intraversion (Richtung der Energie zur Außen- oder zur Innenwelt), Sensing oder Intuition (Präferenz der Wahrnehmung durch Fakten oder durch Ereignisse), Thinking oder Feeling (Bewertung aufgrund von Fakten oder durch persönliche oder soziale Werte) sowie Judging oder Perceiving (Haltung oder Orientierung zur Außenwelt) (ebd. 2016, S. 14 f.). Lernpräferenzen sind also, je nach Ausrichtung und Anlass unterschiedlich und treffen in ihrer Unterschiedlichkeit aufeinander.

Hieraus ergibt sich einerseits die Notwendigkeit, Lehre diversitätsgerecht zu gestalten und unterschiedliche Lernwege zu ermöglichen (vgl. Kap. 2.1.3). Andererseits wird deutlich, dass man als Lehrende*r schon allein aufgrund der unterschiedlichen Präferenzen nie allen Studierenden gerecht werden kann. Es kommt also zwangsläufig zu schwierigen Lehrsituationen, weil nicht jedes Lehrkonzept zu jeder Lehrpräferenz passt. Deshalb ist die Transparenz durch eine Lern- und Arbeitsvereinbarung sowie der Erwartungsabgleich wichtig. Er zeigt auf, auf welche - vielleicht auch ungewohnten Lernziele und Lernwege - sich Studierende einstellen müssen, aber auch, wo sie ihren eigenen Präferenzen folgen können. Wie Einwänden und Widerständen begegnet werden kann, und trotzdem Erkenntnis- und Lernprozesse möglich werden, stellt Kapitel 3.3. vor.

Reflexionsfragen:
Wie wollen Sie mit unterschiedlichen Lernpräferenzen umgehen?

Prinzip 12: Vernetzen „Was hat das mit mir zu tun, wenn in China ein Sack Reis umfällt?!"

Bezüge und Zusammenhänge zwischen wesentlichen Punkten eines Themas herzustellen bzw. durch Studierende herstellen zu lassen, ist ein weiterer zentraler Aspekt beim Lehren und Lernen. Denn Wissen und Konzepte in komplexen Handlungszusammenhängen umsetzen zu können und Lösungen für berufliche, wissenschaftliche oder gesellschaftliche Herausforderungen zu entwickeln, sind zentrale Anforderungen, zu denen Studierende befähigt werden sollen. Die häufig gestellte und Lehrende manchmal nervende Frage „Wozu brauche ich das?“ kann insofern auch als Frage nach dem Sinn bzw. nach Bezügen zu Theorie oder Praxis verstanden und aufgegriffen werden.

Kompetenzorientiere Lehrkonzepte, wie das Problembasierte Lernen nutzen diese interdisziplinäre Perspektive auf Probleme und trainieren Problemlösefähigkeiten. Aufgaben, die die Komplexität der Berufs-, Lebens- oder Wissenschaftswelt in Fallstudien, Projekten und Sachverhalten abbilden, ermöglichen so vernetztes und interdisziplinäres Lernen und Arbeiten. Die beim Prinzip Überblick erwähnten Kognitiven Landkarten haben ebenfalls zum Ziel, Zusammenhänge und Bezüge aufzuzeigen. Dabei ist es Aufgabe Lehrender fachliche Bezüge und Zusammenhänge für Studierende aufzuzeigen und diese als Lernhandlung anzuregen, indem sie selbst Zusammenhänge erkennen und herstellen.

Auch beim Umgang mit schwierigen Situationen kann das Herstellen von Bezügen und das Einbeziehen verschiedener Perspektiven und Sichtweisen ein entscheidender Faktor sein, um bei den Konfliktbeteiligten Verständnis und Akzeptanz zu wecken. Schwierige Situationen als Lehrende*r aus unterschiedlichen Perspektiven zu betrachten, sie einordnen zu können und Zusammenhänge zu verstehen, ist eine zentrale Kompetenz für den konstruktiven Umgang damit.

Reflexionsfragen:
Wie können Sie Themen vernetzen und Bezüge herstellen?

2.3.3 Beispiel: Lehrveranstaltungssitzung

Nachdem die 12 Prinzipien für die Gestaltung und Steuerung von (schwierigen) Lehr- und Lernprozessen in einigen Aspekten vorgestellt wurden, werden sie nun in ein Bezugssystem gestellt. Dabei wird anhand einer exemplarischen Lehrveranstaltungssitzung aufgezeigt, wann welche Prinzipien wichtig sein können. Die Prinzipien sind in der folgenden Abbildung (Abb. 17) mit Fragen verbunden, an denen sich Lehrende im Rahmen der Nutzung des „hochschuldidaktischen Mischpults“ orientieren können.

Abb. 16: Lernprozesse in Lehrveranstaltungen gestalten

2.4 Zusammenfassung

Wie in der Einführung beschrieben, können schwierige Lehrsituationen aus der Perspektive Planung, Durchführung und Reflexion betrachtet werden. Im zweiten Kapitel wurden Aspekte der didaktischen Prävention für die Planung und Durchführung von Lehrveranstaltungen vorgestellt. Diese werden in der unteren Abbildung (Abb. 17) ergänzend zusammengefasst, indem auf die Abbildung aus der Einführung Bezug genommen wird.

Abb. 17: Didaktische Prävention – Zusammenfassung

Die didaktische Prävention beinhaltet eine stimmige didaktische Dramaturgie, eine Lern- und Arbeitsvereinbarung sowie das Navigieren durch (schwierige) Lehr- und Lernprozesse während der Veranstaltung. Am 4-Faktoren-Modell der TZI wurden Beispiele für Störungen aufgezeigt, die bei der Planung antizipiert werden können, da sie größtenteils „normal" sind und zu Lehr- und Lernprozessen dazugehören.

Die Lern- und Arbeitsvereinbarung, die ja nach Lehrveranstaltungsformat und Lehrhaltung Lehrender unterschiedlich ist, legt die Basis für gelingende Lehr- und Lernprozesse und gehört zum Erwartungsmanagement.

Im Rahmen der agilen Gestaltung von Lehrveranstaltungen zeigt das „hochschuldidaktische Mischpult" mit den Prinzipien für gelingendes Lehren und Lernen Möglichkeiten auf, wie Lehrende in und durch (schwierige) Lehr- und Lernprozesse navigieren können.

Nach schwierige Lehrsituationen in den bisherigen Ausführungen im Kontext von Lehren und Lernen betrachtet wurden, geht es nun im Folgenden um explizite Störungen, Konflikte und Widerstände und die Frage, wie Lehrende damit umgehen können.

3 Umgang mit Störungen, Konflikten und Widerstand

Nachdem die zentralen Aspekte der didaktischen Prävention vorgestellt wurden, geht es im Folgenden um den konkreten Umgang mit schwierigen Lehrsituationen, Störungen, Konflikten und Widerstand. Dazu werden im Kapitel 3.1 ausgewählte Aspekte des Konfliktmanagements als Grundlage für die Analyse und den Umgang mit Konflikten in der Lehre vorgestellt. Die Kapitel 3.2 bis 3.6 stellen weitere Modelle und Konzepte für den Umgang mit Störungen, Widerstand, Einwänden vor, die besonders für die Lehre geeignet erscheinen.

3.1 Grundlagen des Konfliktmanagements

Konflikt bedeutet so viel wie *Zwiespalt, Auseinandersetzung* oder auch *Kampf* und leitet sich aus dem lateinischen confligere ab, was zusammenstoßen oder aufeinanderprallen bedeutet. Es gibt unterschiedliche Ansätze und Modelle, um Konflikte und deren Bearbeitung zu betrachten und zu bearbeiten (vgl. Glasl 2020, Röhrig u.a. 2019, Gührs u.a. 2014, Risto 2005). Köppel (2009), Hermann u.a. (2006) beschäftigen sich mit der Frage, wie Konfliktmanagement in virtuellen Teams gelingen kann. Alle Autor*innen verstehen Konflikte als Widerstreit oder Unvereinbarkeit von Motiven, Wünschen und Anliegen zwischen verschiedenen Beteiligten, die etwas miteinander zu tun haben und dabei in der Regel voneinander abhängig sind. Von einem Konflikt wird gesprochen, wenn mindestens eine beteiligte Person eine emotionale Beeinträchtigung erlebt.

Nach Glasl (2020) ist ein sozialer Konflikt eine Interaktion zwischen Akteur*innen (Individuen, Gruppen, Organisationen) oder innerhalb einer Person, in der wenigstens ein Anteil Unvereinbarkeiten im Denken, Vorstellen, Wahrnehmen, Fühlen oder Wollen gegenüber denen anderer in einer Art erlebt, dass sie zu Beeinträchtigungen der Handlungen und Emotionen führt. Konflikte können sich auf die Sachebene (u.a. Zahlen, Daten, Fakten) oder auf die Beziehungsebene (u.a. Emotionen, Wünsche, Bedürfnisse, Einstellungen, Werte) beziehen. Er unterscheidet darüber hinaus zwischen kalten und heißen Konflikten. *Heiße* Konflikte zeichnen eine Auseinandersetzung mit Begeisterung für die Sache aus, in der andere überzeugen werden sollen. *Kalte* Konflikte dagegen zeichnen sich durch tiefe Enttäuschungen, Desillusionierung und Frustration aus, was eine Lösung immer schwieriger macht (vgl. ebd. 2020: 78 ff.). An Hochschulen ist das Phänomen kalter Konflikte aus Fachbereichen bekannt, wenn sich Kolleg*innen in ihrem Engagement kaum noch beteiligen, Auseinandersetzungen oder sogar den Kontakt mit anderen vermeiden.

Konflikte haben spezifische Merkmale: Sie sind störend, denn sie unterbrechen, wenn auch nur vorübergehend, den Handlungsablauf und zwingen dazu, sich des eigenen Standpunktes zu vergewissern. Konflikte sind häufig auch belastend, wobei Menschen, je nach Konflikt unterschiedlich stark unter emotionalem Druck stehen können. Sie haben darüber hinaus die Tendenz zu eskalieren, d.h. sie können sich ausweiten und an Intensität zunehmen. Sie erzeugen aber auch Lösungsdruck, wenn sich beispielsweise negative Konsequenzen abzeichnen. Konflikte beinhalten also Chancen und werden als Anlass für Veränderung verstanden.

3.1.1 Konfliktarten

Klassische Konfliktarten sind soziale, innere und strukturelle Konflikte. Soziale Konflikte kennzeichnen sich durch die Unvereinbarkeit von Denken, Fühlen, Wollen oder Handeln zwischen Menschen oder in Gruppen aus. *Beispiel: Konflikte während studentischer Gruppenarbeiten.* Mit inneren Konflikten sind Widersprüchlichkeiten oder Unvereinbarkeiten in einer Person gemeint, wenn etwa zwei Bedürfnisse oder Rollen im Konflikt stehen. *Beispiel: Die Betreuung von Abschlussarbeiten zwischen Begleiten und Bewerten.* Strukturelle bzw. organisationsbedingte Konflikte werden durch den Aufbau oder die Abläufe einer Organisation verursacht. *Beispiel: Studierende können zwischen Modulen frei wählen, obwohl sie aufeinander aufbauen, was zu Konflikten führt.*

Glasl beschäftigt sich ausführlich mit der Typologie von Konflikten (vgl. ebd. 2020: 55ff.). Bestimmte Konfliktarten sind gerade auch in der Lehre zu beobachten, wurden im Kapitel 1 bereits erwähnt und werden hier nun weiter ausgeführt:

1. *Rollenkonflikte:* In der Lehre gibt es klassische Rollenkonflikte, wenn sich Lehrende nicht mehr nur als Dozierende, sondern auch als Moderator*innen und Lerncoachs verstehen. Dieses Selbstverständnis steht häufig im Konflikt mit den Erwartungen von Kolleg*innen, die Lehre als reine Wissensvermittlung verstehen. Das betrifft zudem oftmals Erwartungen vieler Studierender, für die eine mehr selbstverantwortliche Rolle als Lernenden noch ungewohnt ist. Insofern löst die Beschäftigung mit der Hochschuldidaktik und der damit verbundenen Frage nach einer guten Lehre, die den Paradigmenwechsel von der Belehrungs- zur Lernkultur schon lange verfolgt, selbst Konflikte aus, auf die sich Lehrende einstellen müssen. Die Lern- und Arbeitsvereinbarung soll hier helfen, Klarheit und Transparenz über Aufgaben, Rollen und Erwartungen auf beiden Seiten zu fördern.
   Auch Lernende können mit Rollenkonflikten konfrontiert sein, wenn sie sich etwa zu der Gruppe der Interessierten zählen, die nicht besuchend oder klagend, sondern sich kundig machen wollen (vgl. Kap. 1) und dieses Verhalten im Widerspruch zu dem der Kommiliton*innen steht, die lieber „Party machen wollen" oder versuchen, „den Ball flach zu halten" und noch wenig Anstrengungsbereitschaft zeigen. Dies führt dann häufig zu einem Zugehörigkeits- oder Loyalitätskonflikt.
2. *Sachkonflikte:* Diese treten als Ziel-, Bewertungs- oder Verteilungskonflikte auf:

2a: Bei *Ziel-* und *Bewertungskonflikten* bewerten Personen Ziele oder Einschätzungen unterschiedlich. So können unterschiedliche Personen oder Gruppen gegensätzliche Zielperspektiven einnehmen. Die unterschiedliche Bewertung einer studentischen Leistung kann etwa zu einem Bewertungskonflikt führen.

2b: Beim *Verteilungskonflikt* besteht Uneinigkeit über die Verteilung der Ressourcen durch unterschiedliche Interessen, Bewertungen oder (scheinbare) Knappheit der Ressourcen. Die Konfliktparteien können sich dabei nicht über die Verteilung von Ressourcen einigen. Anlass für diese Konfliktart kann in der Lehre z.B. die Diskussion um die Verteilung von Bewertungspunkten innerhalb einer Klausur sein, aber auch bei der Verteilung von Aufgaben oder Materialien innerhalb einer Gruppenarbeit.

3. *Wertekonflikte*: Wertekonflikte entstehen durch unvereinbare Ziele, Prinzipien oder Grundsätze der verschiedenen Konfliktparteien. Solche können häufig nicht gelöst, sondern nur entschieden werden. Entweder finden dann die Beteiligten einen Konsens oder legitimierte Personen bzw. Gremien treffen eine Entscheidung. In Organisationen kommt der Leitung die „Richtlinienkompetenz" zu. An Hochschulen steht der Entwicklung eines gemeinsamen Wertekonsenses an manchen Stellen der Freiheit von Forschung und Lehre entgegen. Studierende müssen sich hier dann zurechtfinden, da Lehrende unterschiedliche Werte vertreten. Wertekonflikte entzünden sich auch aufgrund der unterschiedlichen Werte der Generationen (vgl. Kap. 2.1.3).
4. *Gruppenkonflikte* sind eine in der Lehre häufig auftretende Konfliktart. Konflikte werden in einer Gruppe zwischen Gruppenmitgliedern, zwischen einem Mitglied und der Leitung oder zwischen Subgruppen, dann im Rahmen von *Intergruppenkonflikten,* ausgetragen. Konflikte in Gruppen können einerseits Ausdruck gruppendynamischer Prozesse sein, andererseits bieten Gruppen den Nährboden für spezifische Konflikte. So äußern sich Konflikte in Gruppen häufig in Form von Konfrontationen zwischen Mehrheiten und Minderheiten. Ungelöste Gruppenkonflikte führen zu verschiedenen Phänomenen von Vermeidung, Ausgrenzung von Mitstudierenden bis hin zur Verweigerung der Mitarbeit von Einzelnen oder einer (Teil)Gruppe. Diese Phänomene sind beispielsweise in Projektarbeiten zu beobachten.

An dieser Stelle wird nochmals deutlich, dass gerade bei Gruppen- und Projektarbeiten die didaktische Prävention in Form von Handlungsanweisungen und Förderung von Teamkompetenzen, aber auch die Beratung und Betreuung gerade bei Konflikten enorm wichtig sein kann. Werden solche Konflikte nicht gelöst, können sie nachhaltigen Einfluss auf alle Beteiligten haben. Studierende erleben Ausgrenzung bis Mobbing oder erfahren, dass sich der/die vermeintlich Stärkere durchsetzt. Lehrende sind – wenn sie denn solche Konflikte mitbekommen – dann in der Rolle der Mediator*innen, die zwischen den Konfliktparteien vermitteln und gemeinsam nach einer Lösung suchen.

5. *Beziehungskonflikte* beziehen sich auf die persönliche Ebene zwischen Menschen. Letztlich hat jeder Mensch das Bedürfnis, von anderen akzeptiert und anerkannt zu werden. Wird dieses Bedürfnis von einer anderen Person oder mehreren verletzt, so kann er oder sie sich in der Beziehung unterlegen fühlen. Dies geschieht etwa durch unangemessene Sprüche, verbale Herabsetzungen oder auch Einwände. Beziehungskonflikte sind nicht selten Folge von anderen nicht gelösten Konflikten.

Neben den klassischen Konfliktarten lassen sich weitere nennen, die im Kontext der Lehre von Bedeutung sein können, nämlich interkulturelle und virtuelle Konflikte.

Köppel (2009) untersucht, wie virtuelle interkulturelle Teams erfolgreich zusammenarbeiten und dabei Synergien entstehen können. Dabei stellt sie fest, dass Teams, egal, ob sie in Präsenz oder virtuell zusammenarbeiten, mit den gleichen Arten von Konflikten konfrontiert sind, dass sich Konflikte allerdings im Virtuellen potenzieren können.

Als Voraussetzung für die erfolgreiche Zusammenarbeit sieht sie den konstruktiven Umgang mit Vielfalt, die Wertschätzung untereinander, eine angemessene technische Infrastruktur sowie Medienkompetenz und die Bereitschaft zur Selbstführung der Beteiligten, deren Lernbereitschaft sowie die Anerkennung kultureller Unterschiede. Da diese Voraussetzungen jedoch häufig fehlen, kommt es zu Konflikten.

Bei *interkulturellen Konflikten* liegen die Ursachen vor allem in der wahrgenommenen Unvereinbarkeit kultureller Unterschiede. Als typische Ursachen für interkulturelle Konflikte benennt sie Missverständnisse, Ethnozentrismus und Stereotype. An dieser Stelle treten En- und Kodierungsfehler auf, die aufgrund unterschiedlicher kultureller Codes entstehen. Hinzu kommen unterschiedliche Erwartungen an Führung, Teamarbeit, Arbeitsweise und Verhalten. Abweichendes Verhalten von Mitgliedern einer anderen Gruppe wird dann von Mitgliedern der anderen Gruppe als Verletzung wahrgenommen oder negativ bewertet. Kulturelle Andersartigkeit wird als persönliche Inkompetenz, Nachlässigkeit oder gar Böswilligkeit interpretiert, was ein Attributionsfehler ist. Auch Lehrende und Studierende können mit solchen Unterschieden konfrontiert sein und ebenfalls zu Attributionsfehlern neigen.

Für *virtuelle Konflikte* hält Köppel (ebd.) also fest, dass sich in der digitalen Zusammenarbeit die bekannten Konfliktarten beobachten lassen. Allerdings wird ihr Auftreten, der Verlauf und der Umgang damit von der räumlichen Distanz, den technischen Gegebenheiten sowie der eingeschränkten Wahrnehmung und Kommunikation beeinflusst und zum Teil erschwert. Hier stellt sich sowohl im Arbeits- als auch im Lehrkontext die Frage, ob und wie Konflikte im Digitalen aufgrund der Bandbreite thematisiert und bearbeitet werden.

3.1.2 Ursachen und Grundfragen

Die Ursachen für Konflikte können vielfältig sein, drehen sich jedoch zumeist um bestimmte Fragen. Die Grundfrage eines Konflikts zu kennen ist wichtig, weil hier auch der Ansatz für die Klärung liegt:

Grundfragen bei Konflikten

- *Geht es um Angst?* Konflikte können entstehen, wenn sich Menschen bedroht fühlen.
- *Geht es um Frustration?* Konflikte können entstehen, wenn Menschen unzufrieden sind.

- *Geht es um Meinungs- oder Interessensunterschiede?* Konflikte können entstehen, wenn Dinge ungeklärt bleiben oder nicht aufzulösen sind.
- *Geht es um Macht?* Konflikte können entstehen, weil Beteiligte siegen wollen oder bis zum bitteren Ende kämpfen oder im Recht bleiben wollen.
- *Geht es um Kommunikation?* Konflikte können entstehen, wenn die Kommunikation missverständlich oder destruktiv ist.
- *Geht es um spezifische persönliche Eigenarten?* Konflikte können auch entstehen, weil Menschen verschieden sind und Persönlichkeiten oder Eigenschaften kollidieren.

3.1.3 Konfliktphänomene und Eskalationsstufen

Die Entwicklung von Konflikten ist nach Glasl (2020) zumeist mit bestimmten Konfliktphänomenen und Verläufen verbunden. Diese können sowohl Lehrende als auch Lernende betreffen:

Irritation

Die eigenen Werte, Interessen oder Bedürfnisse werden durch das Verhalten anderer beeinträchtigt und dabei entstehen bei den Beteiligten negative Gefühle wie Irritation, Frustration oder Ärger. Die Schuld wird bei anderen gesucht, es werden Dingen ausgeblendet und das eigene Handeln nicht reflektiert.

Verzerrte Wahrnehmung

Die Ursachen der Probleme werden bei der Gegenseite gesucht. Der Konflikt sorgt für den Ausschuss von Stresshormonen, wodurch der Körper eine Flucht- oder Kampfhaltung einnimmt. Es entsteht eine „kognitive Kurzsichtigkeit", der sogenannte Tunnelblick.

Soziale Ansteckung

Es sucht Verbündete gesucht, um sich zu bestärken. Grüppchen bilden sich und zwischen den Gruppen wird nicht mehr miteinander, sondern übereinander gesprochen.

Verlust der Empathie

Die Grüppchenbildung bestärkt die eigene Ansicht. Das Hineinversetzen in die andere Seite ist kaum mehr sachlich und neutral möglich. Das Einfühlungsvermögen gegenüber der anderen Partei geht verloren.

Glasl (2020) führt diese Phänomene weiter aus und unterscheidet für den Verlauf von Konflikten neun Eskalationsstufen. Sie beginnen mit der *Verhärtung* und gehen vom *aneinander vorbeireden*, dem *Beleidigen* bis hin zu *Diffamierung, Drohung, Schädigung* und der Inkaufnahme eines *Totalverlusts* für alle Beteiligten (vgl. ebd.: 243 f.). Gerade wenn Konflikte langfristig keine Lösung erfahren, können diese Eskalationen bis hin zur *Sabotage* führen. Dies zeigt sich dann beispielsweise in Forschungszusammenhängen, wenn Laborergebnisse wie zufällig nicht zu verwerten sind oder wichtige Terminabgaben „vergessen" wurden.

Exkurs Mobbing

Mobbing leitet sich aus dem Englischen *to mob* ab und bedeutet bedrängen, angreifen. Von normalen Konflikten unterscheidet sich Mobbing dadurch, dass es gezielt, systematisch und über einen längeren Zeitraum mit der Absicht betrieben wird, eine Person oder eine Gruppe bestimmter Personen auszugrenzen bzw. vom Arbeitsplatz zu vertreiben. Mobbing richtet sich überwiegend gegen eine Person, die auf Dauer deutlich unterlegen ist, physisch und/oder psychisch häufig sogar daran erkrankt, weil das Selbstwertgefühl systematisch untergraben werden soll und wird. Betroffenen wird dringend empfohlen sich Hilfe bei Vertrauenspersonen und entsprechenden Beratungsstellen zu suchen. Man unterscheidet verschiedene Formen dieser Art des Psychoterrors:

- Mobbing: Mobbinghandlungen unter Kolleg*innen auf gleicher Ebene
- Bossing: Mobbing von oben nach unten z.B. wenn Vorgesetzte Mitarbeiter*innen mobben
- Staffing: Mobbing von unten nach oben z.B. wenn Mitarbeiter*innen Vorgesetzte mobben
- Bullying: Mobbing unter Schüler*innen

- Cybermobbing: Mobbing im Internet
- Remote Mobbing: Mobbing von Vorgesetzten und Kolleg*innen während des Homeoffice

Reflexion:
Mit welchen Konflikten sind Sie in der Hochschule und Hochschullehre konfrontiert? Um welche Grundfragen geht es und welche Phänomene und Verläufe sind zu beobachten?

3.1.4 Konflikte vorbeugen, bewältigen und bearbeiten

Viele Autor*innen beschäftigen sich mit der Frage, wie Konflikte konstruktiv und lösungsorientiert bearbeitet werden können (vgl. Glasl 2020, Röhrig u.a. 2019, Gührs u.a. 2014, Risto 2005). Im Folgenden werden ausgewählte Aspekte vorgestellt, die für den Umgang mit Konflikten in der Lehre wichtig sein können. Glasl (2020) stellt Möglichkeiten vor, wie Konflikten vorgebeugt und wie sie bewältigt werden können. Dabei unterscheidet er präventive und kurative sowie eskalierende und de-eskalierende Interventionen (ebd.: 337f.).

Präventive, kurative, de- und eskalierende Interventionen

Durch *präventive Interventionen* sollen Konflikte vermieden werden, d.h. durch sie soll es gar nicht erst zu Konflikten kommen. Dies gelingt durch das frühe Ansprechen und Thematisieren von Störungen und das zeitnahe Auflösen einer Störung. Durch *kurative Interventionen* soll ein bereits vorhandener Konflikt gelöst oder zumindest begrenzt werden, um die konstruktive Zusammenarbeit weiter zu ermöglichen. Dies geschieht etwa durch Aussprachen, Klärungsgespräche und Maßnahmen, die zu Entlastung und Entspannung der Situation führen. Daneben werden *de-eskalierende* sowie *eskalierende Interventionen* unterschieden. Bei de-eskalierenden Interventionen kommen die klassischen Maßnahmen der Konfliktbearbeitung wie Konfliktgespräche oder Konfliktmoderationen zum Einsatz. Gemeinsam wird hier ein Konflikt reflektiert und nach Lösungen gesucht. Eskalierende Interventionen hingegen werden eingesetzt, wenn ein Konflikt eher geleugnet wird, aber weiter zu Spannungen führt. Der Konflikt soll durch eskalierende Maßnahmen, Konfrontationen oder das Aufzeigen von Konsequenzen „aufgetaut“ werden und so eine Bearbeitung eröffnen.

Übertragen auf die Lehre werden also auch hier vorbeugende präventive Maßnahmen vorgestellt, die Konflikte vermeiden, der „Befriedung“ eines Konflikts dienen bzw. seine Bearbeitung eher ermöglichen. Die ersten beiden Aspekte entsprächen der didaktischen Prävention aus Kapitel 2. Kurative Interventionen bezögen sich dann auf ein angemessenes Lernklima und die Schaffung von informellen und niedrigschwelligen Gesprächs- und Feedbackanlässen. Eskalierende Interventionen bezögen sich auf Situationen, in denen es wichtig ist, Probleme zu thematisieren und Studierende zu konfrontieren, beispielsweise, wenn sie sich nicht angemessen in Projektarbeiten einbringen oder unvorbereitet sind. Wie die Bearbeitung von schwierigen Lehrsituationen in der Lehrveranstaltung konkret aussehen kann, wird in den Kapiteln 3.2 - 3.6 gezeigt. Im weiteren Verlauf geht es aber zunächst noch um weitere Aspekte aus dem Konfliktmanagement.

Konfliktbewältigungsstrategien und Konfliktbearbeitung

Um Konflikte zu bewältigen, wählen Menschen häufig spontan und unbewusst unterschiedliche Konfliktbewältigungsstrategien, die zum Teil auf tief verankerte Stressreaktionsmuster des Körpers beruhen. Die Bewältigungsstrategien Flucht, Kampf, Delegation, Kompromiss und Konsens haben jeweils Vor- und Nachteile, die die folgende Tabelle zeigt (Tab. 2).

Tab. 2: Konfliktbewältigungsstrategien

Methode	Vorteile	Nachteile
Flucht	Weg des geringsten Widerstandes	Scheinlösung, Aufschieben von Konflikten, es „brodelt“, Verschieben von Konflikten auf Sachfragen
Kampf	Schnelle Konfliktbewältigung	Scheinlösung, Rachegefühle, Verlierer, Anpassung und Konformismus, Weitergabe von Ärger und Wut an andere Personen
Delegation	Schnelle und sachliche Konfliktlösung	Keine Akzeptanz des Schiedsspruchs, kein neutraler Schlichter
Kompromiss	Verhandlung, Berücksichtigung aller Interessen	Hoher Zeitaufwand, Gefahr der Manipulation, erfordert die Bereitschaft zu Konzessionen der Parteien
Konsens	Endgültige Lösung, positives Klima, hohe Zufriedenheit der Konfliktparteien, Wir-Gefühl, Win-Win-Situation	Hohe Anforderungen an die Kommunikationsfähigkeit der Beteiligten

Beim Umgang mit Konflikten ist es wichtig, sich über die eigenen Konfliktbewältigungsstrategien und die von anderen bewusst zu werden, um diese bei sich selbst bei Bedarf ändern zu können. Grundsätzlich unterscheidet Glasl (2020) zwischen destruktivem und konstruktivem Konfliktverhalten. *Destruktives* Konfliktverhalten drückt sich u.a. durch Widerstand, Bestrafung, Kritik, unkooperativen Verhalten, Spotten, Machtansammlung oder dem Vertuschen von Fehlern aus. Beim *konstruktiven Konfliktverhalten* hingegen wird ein Konflikt als etwas Normales betrachtet, für den eine konstruktive Lösung gefunden werden soll.

Reflexion:
Welche Konfliktbewältigungsstrategien und Konfliktlösungsstrategien kennen setzen Sie in Lehrkontexten und Arbeitskontexten ein?

3.1.5 Konfliktgespräch und Konfliktmoderation

Die Bearbeitung von Konflikten findet im Konfliktmanagement üblicherweise in einem Konfliktgespräch statt. Betrifft der Konflikt eine Gruppe wird eine Konfliktmoderation durchgeführt. Bei einer konstruktiven Konfliktbearbeitung sollten die Beteiligten ihre unterschiedlichen Erfahrungen und Perspektiven einbringen können. So findet dann, wie bei Feedbackprozessen auch, ein Abgleich der Selbst- und Fremdwahrnehmungen statt. Dieser kann, wenn er in einem wertschätzenden und lösungsorientierten Rahmen geführt wird, zu neuen Sichtweisen gegenüber sich selbst und anderen, zu mehr Verständnis, Empathie und Kooperationsbereitschaft führen.

Dafür ist eine bestimmte Grundhaltung auf allen Seiten der Konfliktbeteiligten nötig. Jinarek u.a. (2015) sprechen dabei von einer werteorientierten Konfliktbearbeitung, die von Selbstverantwortung, Gleichberechtigung, Ehrlichkeit und Klarheit getragen wird. Diese sind bei Konfliktgesprächen und auch bei Konfliktmoderationen von zentraler Bedeutung.

Bei Konfliktgesprächen führen die Beteiligten ein Gespräch, wobei der vorhandene Konflikt thematisiert und gemeinsam nach Lösungen gesucht wird. Jinarek u.a. (2015) empfehlen für die Durchführung von Konfliktgesprächen folgenden Ablauf:

Tab. 3: Aufbau eines Konfliktgesprächs

Vorbereitung	
– Eigene Gefühle, Bedürfnisse und Ziele klären – Sich in den Konfliktpartner hineinversetzen – Rahmen gestalten (Ort/Zeit)	
Einstieg	– Kontakt herstellen – Anlass und Ziel des Gesprächs nennen – Vorgehensweise abstimmen
Klärung	– Konflikt konstruktiv ansprechen – Auf Konfliktpartner*in eingehen (offen fragen/aktiv zuhören) – Verlangsamten Dialog führen (Verstehen sicherstellen)
Lösungen	– Wünsche und Bedürfnisse äußern – Lösungsideen sammeln – Vereinbarung treffen
Abschluss	– Klären, ob alles besprochen wurde – Das Gespräch reflektieren – Positiven Abschluss finden

Auch bei Konfliktgesprächen in der Lehre ist es wichtig, diese gut vorzubereiten und beiden Seiten Raum und Zeit für die Darstellung der Situation zu geben. Sind Lehrende selbst vom Konflikt betroffen, kann es hilfreich sein, eine dritte Person in das Gespräch miteinzubeziehen. Diese moderiert das Gespräch als unparteiische neutrale Prozessbegleitung. Dieses Vorgehen ist aus der Mediation (vgl. von Hertel 2013) bekannt. Hier schlichtet eine neutrale Person zwischen den Konfliktparteien. Diese Situation kommt in der Lehre vor, wenn Lehrende einen Konflikt zwischen Studierenden oder Mitarbeiter*innen klärend begleiten. Betrifft ein Konflikt eine ganze Gruppe, kommt eine Konfliktmoderation in Frage. Jinarek u.a. (2015) schlagen hierfür folgenden Aufbau vor:

Tab. 4: Aufbau einer Konfliktmoderation

Schritt 1: Standpunkte der Beteiligten klären
– Worum geht es? Was ist vorgefallen? Wie waren die Entwicklung – und der Verlauf? Wie ging es den Beteiligten dabei? – Konfliktmoderator*in hört aktiv zu und stellt Fragen. Ziel: Die – Ernsthaftigkeit der eigenen Störung muss dem anderen jeweils deutlich werden.
Schritt 2: Die Anliegen hinter den Standpunkten offen legen
– Welche Interessen, Ängste und Hoffnungen haben die Beteiligten? Was steckt hinter dem Konflikt? Um was geht es eigentlich? Was ist ihnen jeweils wichtig?
Schritt 3: Die Kernanliegen erarbeiten: Worauf kommt es wirklich an?
– Um was geht es? Was ist wichtig? – Ziel: Die Positionen der Gegenüber werden nachvollzogen und führen zu einem besseren Verständnis.
Schritt 4: Die Relevanz der Anliegen klären
– Was sind die Kernanliegen? Was sind die wichtigsten Anliegen? Sehen dies alle so? Haben alle das gleiche Verständnis?
Schritt 5: Anliegenbasierte Lösungen entwickeln
– Welche Ideen und Lösungen gibt? Was braucht es?
Schritt 6: Die beste Lösung auswählen
– Welche Lösung wird von allen ausgewählt und getragen? Was sind die nächsten Schritte? Wie sieht die Umsetzung aus?

Für jegliche Klärung von Konflikten, egal ob in Konfliktgesprächen oder Konfliktmoderationen, wird eine lösungsorientierte Haltung empfohlen, die Röhrig u.a. (2019) folgendermaßen beschreiben: Der Fokus eines lösungsorientierten Vorgehens liegt in der Interaktion zwischen Menschen, da Lösungen in der Interaktion zwischen den Menschen entstehen und diese bereits die Fähigkeit zur Lösung besitzen. Dabei gilt es nützliche Veränderungen und positive Unterschiede aufzuspüren und zu erweitern. Diese Art der Konfliktbearbeitung zeichnet sich durch eine ressourcenorientierte Haltung aus, die, anstatt Defizit-Analysen durchzuführen, den Fokus auf Veränderungen, Lösungen und Ziele setzt.

Die Kommunikation ist dann nicht eskalierend, indem auf Du-Botschaften, Bewertungen, Unterstellungen, Ironie oder Sarkasmus verzichtet wird, sondern de-eskalierend, indem die eigene Sichtweise, Auswirkungen, Gefühle und Wünsche beschrieben werden, die Sichtweise anderer erfragt und daraus gemeinsam Schlussfolgerungen gezogen werden. Diese Form der Kommunikation entspricht der Grundhaltung der Themenzentrierten Interaktion, die im ersten Kapitel auch als Basis für gelingendes Arbeiten und Lernen in Gruppen vorgestellt wurde und die auch in weiteren Kommunikationsansätzen vertreten wird (vgl. Plate 2021).

Reflexion:
Wo erscheint Ihnen bei Konflikten in der Lehre eher Konfliktgespräche oder Konfliktmoderationen sinnvoll?

3.1.6 Fazit: Konstruktive Konfliktbearbeitung

Folgende Aspekte sind bei der konstruktiven Konfliktbearbeitung wichtig:

- Gehen Sie Konflikte aktiv an. Je früher Sie einen Konflikt erkennen, desto angemessener können Sie ihn bewältigen.
- Führen Sie bei gravierenden Konflikten eine Analyse durch, in der sie Arten, Ursachen, Grundfragen sowie Bewältigungsstrategien und Lösungsversuche reflektieren.

- Planen Sie einen passenden Rahmen für die Konfliktbearbeitung.
- Versuchen Sie, mit Emotionen konstruktiv umzugehen.
- Formulieren Sie Ihre Interessen und Wünsche in Form von Ich-Botschaften. Vermeiden Sie vorwurfsvolle Botschaften an die Gesprächspartner*innen. Wechseln Sie im Gespräch den Blickwinkel.
- Versuchen Sie nach Möglichkeit Lösungen zu finden, mit denen alle leben können, hinter denen also alle stehen.
- Je weniger Sie dem Gesprächspartner entgegenkommen können, desto mehr sollten Sie ihm zu verstehen geben, dass Sie ihn mit seinem Anliegen verstehen und auch seine Verärgerung nachvollziehen können.

Die Ausführungen haben gezeigt, dass Konflikte normal sind und zum Alltag gehören. Ihre Entstehung kann unterschiedliche Ursachen haben und ist mit Grundfragen verbunden, die zugleich Ansätze für Lösungen darstellen können. Die Entwicklung von Konflikten beinhaltet spezifische Phänomene und sie durchlaufen, wenn sie nicht gelöst werden, verschiedene Eskalationsstufen, die eine konstruktive Klärung immer schwieriger werden lässt. Es gibt unterschiedliche Konfliktbewältigungsstrategien, diese sind entweder destruktiv oder konstruktiv. Insgesamt lassen sich präventive, kurative, eskalierende sowie de-eskalierende Interventionen unterscheiden, die teilweise auch mit dem Vorgehen der didaktischen Prävention vergleichbar sind. Konflikte werden üblicherweise in Konfliktgesprächen oder mittels Konfliktmoderationen bearbeitet.

Da es sich bei schwierigen Situationen in der Lehre nicht immer um Konflikte handelt, diese außerdem während der Lehrveranstaltung und damit in Gruppen auftreten, müssen sie zumeist auch dort thematisiert und bearbeiten werden. Deshalb wird im Folgenden das Modell der Störungsstufen und Interventionen für die Hochschullehre vorgestellt und im Anschluss weitere Modelle und Konzepte für den Umgang mit Einwänden und Widerstand.

3.2 Störungsstufen und Interventionen für die Lehre

Im Folgenden geht es um den Umgang mit schwierigen Situationen in der Hochschullehre, die trotz gewissenhafter didaktischer Vorbereitung und Prävention in Lehrveranstaltungen als Störungen oder Konflikte auftreten können. Mit diesen gilt es, anders als im Konfliktmanagement, direkt vor Ort und in der Studierendengruppe umzugehen. Je nach Störung und Störungsstärke können dann Interventionen wie *Ignorieren, Nonverbales Ansprechen, Ansprechen, Unterbrechen, Thematisieren* bis zur *Konfliktbearbeitung* eingesetzt werden. Es werden somit Aspekte der Gestaltung und Steuerung von Lernprozessen mit denen aus dem Konfliktmanagement verbunden.

Die ersten Interventionen sind zunächst eher didaktisch angelegt und indirekt im Rahmen der agilen Lernprozessgestaltung bearbeitbar. Die Interventionen werden im Folgenden zunächst an typischen Situationen aus der Präsenzlehre vorgestellt und beziehen sich auf die Abbildung aus der Einführung (Abb. 11). Wie und inwiefern sie in der Online-Lehre eingesetzt werden können, wird im Anschluss diskutiert.

Störungsstufen und Interventionen am Beispiel Nebengespräche

Stufe 1 Ignorieren: Wenn Störungen in der Lehrsituation auftreten, können diese zunächst ignoriert werden, vor allem, wenn sie nur kurz auftreten, wie etwa bei einem kurzen Nebengespräch.

Stufe 2 Nonverbales Ansprechen: Geht die Störung weiter wird sie nonverbal angesprochen, indem die zwei Personen, die miteinander reden, angeschaut werden, während die Lehrperson weiter über das Thema referiert. Dies hat häufig den Effekt, dass Gespräche aufhören. Eine weitere Möglichkeit ist dabei das Verringern der räumlichen Distanz. Lehrende gehen, soweit möglich, weiter vortragend, in die Nähe des „Unruhe-Herdes“, schauen diesen aber nicht direkt an. Diese Nähe erzeugt ein Spannungsfeld, das die Störung zum Erliegen bringen kann.

Stufe 3 Ansprechen: Geht das Nebengespräch trotzdem weiter, sieht die nächste Stufe das thematische Nachfragen vor. Dabei sollte eine konstruktive thematische Ansprache gewählt werden: *„Haben Sie zum Thema eine Frage?"* (anstatt: *„Mein Vortrag interessiert sie wohl nicht?"*). Entweder wird daraufhin mit dem Kopf geschüttelt oder es gibt tatsächlich einen Aspekt, der im Plenum aufgegriffen werden kann. Auf die Störung wird hier erstmals direkt eingegangen, allerdings ohne sie als störend zu thematisieren.

Stufe 4 Unterbrechen: Bei einer weiteren Steigerung gilt es dann, die Störung zu unterbrechen, dabei wird aber immer noch didaktisch vorgegangen. Das didaktische Unterbrechen kann hier dann ein Medien- oder Methodenwechsel oder das Einlegen einer Denk-, bzw. Verschnaufpause sein. Gerade wenn die Unruhe im Hörsaal insgesamt zunimmt und immer mehr Studierende betrifft, kann dies ein Zeichen fallender Konzentration sein. Wenn es um das Unterbrechen des Nebengesprächs geht, dann werden etwa Murmelgruppen gebildet und die Gruppen so durchgezählt, dass sie auf neue Gesprächspartner*innen treffen und das Nebengespräch so indirekt unterbrochen wird.

Eine Unterbrechung kann aber auch das Ende einer Lehrveranstaltung darstellen. Manchmal treten Störungen auf, die sich bis zur nächsten Sitzung aufgelöst haben und dann gar nicht mehr explizit thematisiert werden müssen.

Stufe 5 Thematisieren: Bleibt die Störung weiter bestehen oder sie steigert sich im Verlauf noch, so ist hier der Übergang zu einem möglichen Konflikt, sodass das Störende explizit angesprochen wird. Denn auch der Gruppe ist nun klar, „dass etwas in der Luft" liegt, dass eine Störung Vorrang nimmt und immer mehr an die Oberfläche steigt (vgl. Eisberg-Modell, Kap. 1.4). Die Störung beeinflusst auf dieser Stufe das Lehren oder Lernen nun so stark, dass sie thematisiert werden sollte. Dabei stellt sich zunächst die Frage, wer das Problem eigentlich hat. Fühlt sich die Lehrperson durch das Nebengespräch abgelenkt oder gestört oder stört es auch die Kommiliton*innen?

Beim Thematisieren sollte beschrieben werden, was man gerade wahrnimmt, wie dies auf die Betroffenen wirkt und welcher Wunsch bzw. welche Bitte sich daraus ergibt. Die im Kapitel

2.3.2 beschriebenen Prinzipien für die Gestaltung von Lernprozessen sind hierfür eine wichtige Voraussetzung.

Störungen unter Kommiliton*innen zu thematisieren kann tabuisiert sein. Dann fühlen sich Studierende von anderen gestört, möchten dies aber nicht thematisieren. Häufig sind solche Situationen mit der Erwartung verbunden, dass Lehrende für Disziplin sorgen. Dies sollte bei der Lern- und Arbeitsvereinbarung geklärt werden.

Stufe 6 Konflikt bearbeiten: Die sechste und höchste Störungsstufe zeigt an, dass die Störung mit den bisherigen Maßnahmen nicht gelöst werden konnte und immer mehr zum Konflikt wird, der nun explizit thematisiert und in einem passenden Rahmen bearbeitet werden muss. Wenn zwei Lernende immer wieder Nebengespräche führen und sich dabei vielleicht auch noch provokativ benehmen, dann ist es häufig sinnvoll, die Störung in einem Vier- bzw. Sechs-Augengespräch zu besprechen. Dies kann in der Pause oder beim Verlassen des Raums „zwischen Tür und Angel", also eher informell geschehen, oder bei massiveren Problemen, in einer Sprechstunde, in der dann ein Konfliktgespräch geführt wird.

In einem solchen Konfliktgespräch soll dann die Situation bearbeitet und geklärt werden. Die Studierenden sollten dabei vorab wissen, um was es geht. Lehrende müssen sich ihrer Machtposition und der Asymmetrie der Beziehung bewusst sein. Hier kommen nun die Prinzipien des Konfliktmanagements für Konfliktgespräche oder Konfliktmoderationen zum Tragen. In manchen Konfliktgesprächen werden Dritte zur Unterstützung hinzugezogen. Das können entweder weitere Vertreter*innen der Hochschule oder Kommiliton*innen sein.

Bei Konflikten in Gruppen- oder Projektarbeiten können Lehrende die vorgestellte Konfliktmoderation einsetzen. Sie treffen sich dann mit den beteiligten Studierenden, die nicht miteinander klarkommen, vom sozialen Trittbrettfahren anderer frustriert sind oder sich ausgeschlossen fühlen, um als Konfliktmoderator*in zwischen den Studierenden zu fungieren und gemeinsam nach einer Lösung zu suchen. Da Studierende Konflikte nicht immer offen thematisieren können oder wollen, planen Lehrende solche Gespräche im Rahmen der didaktischen

Prävention gerne als regelmäßige Projekttreffen ein und führen solche Konfliktmoderationen eher indirekt durch, wenn entsprechende Themen aufkommen.

Allgemeine Hinweise zum Charakter der Störungsstufen in der Hochschullehre

Die sechs Stufen und Interventionen für die Hochschullehre sind als Orientierung zu verstehen. Sie stellen Lehrenden Möglichkeiten vor, wie sie implizit oder explizit mit Störungen in der Lehre umgehen können. Manchmal bietet es sich an, Stufen zu überspringen oder Interventionen anders zu gestalten. Manche Lehrende schließen bestimmte Stufen gänzlich aus. Der Übergang von einer Störungsstufe zur nächsten hängt entscheidend von der eigenen Wahrnehmung ab. Je mehr sich eine Störung auf das Thema, auf die Gruppe oder auf die Lehrenden selbst negativ auswirkt, desto eher sollte sie mit den entsprechenden Interventionen thematisiert und bearbeitet werden.

Viele Lehrende berichten, dass sie eher selten höhere Störungsstufen erleben, weil sie für ein gutes Lernklima sorgen, Gesprächsanlässe schaffen und damit Eskalationstendenzen frühzeitig einfangen. Andere hingegen berichten von extremen Situationen und Konflikten zwischen Studierenden oder zwischen Lehrenden und Studierenden, deren konstruktive Klärung eine erhebliche Herausforderung darstellte oder nicht immer lösbar war. Gerade wenn Lehrende selbst stark von schwierigen Lehrsituationen und Konflikten betroffen sind, ist das Zurückgewinnen der eigenen Klarheit und Souveränität wichtig. Hierauf wird im Kapitel Reflexion und Selbstfürsorge eingegangen.

Interventionen in der synchronen Online-Lehre

Da die Bedingungen in der synchronen Online-Lehre durch Videokonferenzsysteme andere sind, kann aufgrund der unterschiedlichen technischen wie kommunikativen Bandbreiten (vgl. Heidemann 2021, Kap. 1.4) das Auftreten schwieriger Lehrsituationen und auch der Umgang damit verschieden sein.

Durch die eingeschränkte Wahrnehmung der Personen, die sich hier durch die Vielzahl an Bildausschnitten darstellt, sowie die Gegebenheiten des digitalen Plenums kommt es zu zwei zentralen Unterschieden beim Auftreten schwieriger Situationen: Treten diese auf, nehmen sie viel deutlicher Raum ein, da je nach Einstellung die Beteiligten großformatig zu sehen sind. Dies wirkt dann wie auf einer großen Bühne und die anderen beobachten fasziniert bis peinlich berührt, wie es vor aller Augen zwischen zwei Personen auf dem Bildschirm zum Eklat kommt. Da im digitalen Plenum vieles zeitgleich abläuft, gibt es wenig Möglichkeiten, informell in Kontakt zu treten oder kurz miteinander zu sprechen. Hierfür müssten sich die Betroffenen in einem digitalen Arbeitsraum treffen. Das kostet wiederum Zeit und lässt die restliche Gruppe zurück. Nonverbale Interventionen, wie sie zuvor für die Präsenzlehre vorgestellt wurden, sind hier also nicht möglich. Lehrende berichten, dass sie teilweise versuchen per Chat mit einzelnen Studierenden in Kontakt zu treten. Auch dies bindet Aufmerksamkeit und braucht Konzentration. Eine Lehrende berichtete, dass sie in einer solchen Situation den Kommentar versehentlich an alle geschickt hatte, was die Situation zum Eskalieren brachte.

Neben dem spezifischen Vorrangnehmen gibt es im Digitalen noch ein zweites Phänomen, dass in der Präsenzlehre so nicht vorkommt: Studierende können sich schneller einer Situation entziehen, indem sie sich ausloggen. Schwierige Situationen werden so durch die Technik weniger greifbar und aufgrund der Distanz können sich Studierende der Situation sehr viel leichter entziehen. So berichten Lehrende, dass Studierende im Lehrgespräch, als sie mit ihrem Namen angesprochen wurden, spontan die Kamera ausgemacht hätten. Ist diese unmittelbare Situation schon in der Lehre teilweise schwierig, so stellt sich die Frage, ob und inwiefern schwierige Lehrsituationen im Digitalen thematisiert werden können und sollten.

Auch werden Interventionen im Digitalen stärker durch die technischen Gegebenheiten beeinflusst. Wie das Mittel des Hausrechts im Digitalen angewandt wurde, hat das Beispiel aus Kapitel 2.2.5 deutlich gemacht, als ein Professor nach einem rassistischen Kommentar im Chat den entsprechenden Studenten mit Namen ansprach und für die Sitzung ausschloss. Aber auch hier muss man sich mit den Konsequenzen und Effekten auf die Studierenden und die Gruppe auseinandersetzen. Im Kapitel

2.2.4 wurde darauf eingegangen, dass Lehrende immer darüber informiert sein sollten, unter welchen Bedingungen welche Mittel eingesetzt werden können und mit welchen Konsequenzen. Viele Lehrende berichten, dass sie es möglichst vermeiden wollen, das letzte Mittel einzusetzen. Sie ziehen es vor, in einem passenden Rahmen mit den betroffenen Studierenden einen solchen Konflikt zu besprechen.

Schwierigkeiten in und durch E-Mails und Co.

In der digitalen Lehre findet die Kommunikation immer häufiger textsprachlich durch E-Mails, Chat oder in Foren statt. Metz u.a. (2004) beschäftigen sich mit der Frage wie Schreiben und Kommunizieren in der teilvirtuellen Hochschullehre gelingen kann. Die in der Einführung vorgestellten Axiome der Kommunikation nach Watzlawick u.a. (2011) und das Modell von Schulz von Thun (2010) (vgl. Kap. 1.4) beschreiben, wie es durch die eingeschränkte nonverbale Kommunikation zu Missverständnissen und Eskalationen kommen kann.

Gerade in E-Mails können Probleme der Ausdrucksfähigkeit oder fehlende sprachliche Kompetenzen bei Studierenden zu weiteren Missverständnissen führen. Solche Missverständnisse oder eskalierte Konflikte sind schriftlich schlechter bzw. kaum zu klären. Hier entsteht häufig eine Art „Nachrichten-Ping-Pong", weil Lehrende versuchen das Problem und seine Hintergründe zu verstehen. Dieses sollte möglichst vermieden bzw. unterbrochen werden, da es um einiges aufwendiger und weniger zielführend ist als ein Telefonat oder eine (synchrone) Sprechstunde. Nicht umsonst empfiehlt das Konfliktmanagement die Bearbeitung von Konflikten im (digitalen) Face-to-Face.

Die Anwendung der Störungsstufen und Interventionen in der Lehrpraxis wird nun am Fallbeispiel Referat konkretisiert.

Fallbeispiel Referat

Ein wissenschaftlicher Mitarbeiter berichtete von einer Seminarsituation, in der er entscheiden musste, wie er damit umgeht, dass ein Studierender vor der Seminarsitzung das Thesenpapier nicht wie ver-

einbart eingereicht hatte und dann auch nicht zur vereinbarten Referatssitzung erschien. Zum einen galt es mit der Situation in der Sitzung selbst umzugehen (Ausfallen lassen? Selbst referieren? Ein anderes Thema diskutieren...?). Zum anderen musste entschieden werden, wann und wo der betroffene Student diesbezüglich angesprochen werden sollte. Dabei stand ein Sprechstundengespräch zur Debatte oder das Thematisieren in der nächsten Sitzung. Hier war zu entscheiden, ob der Konflikt dann im Plenum angesprochen werden sollte – da es ja auch die anderen Studierenden und den weiteren Verlauf betraf – oder eher informell in einer Pause. Darüber hinaus war klar, dass die Studierenden beobachten würden, wie die Lehrkraft mit dieser Situation umgeht und welche Konsequenzen dies für den betroffenen Studenten und für sie hätte.
Da die Hintergründe für das Fehlen zu diesem Zeitpunkt unklar waren, entschied sich der wissenschaftliche Mitarbeiter zu einem Gespräch in der Sprechstunde. Er rechnete damit, dass sich das Gespräch zwischen Entschuldigung, Rechtfertigung, Ersatzterminsuche, Ersatzleistungssuche oder Uneinsichtigkeit bewegen könnte. Er wollte dem Studenten jedoch auch eine Chance auf einen Leistungsnachweis geben, aber auch ein deutliches Feedback.

Fahrlässig oder vorsätzlich?

Bei schwierigen Lehrsituationen kann man auch unterscheiden, ob diese *fahrlässig* oder *vorsätzlich* geschehen. „Fahrlässig" meint Situationen, in denen Lernenden nicht klar ist, dass sie mit ihrem Verhalten stören oder dass ihr Verhalten auf das Lehren und Lernen Auswirkungen hat. Es ist ihnen also nicht bewusst, dass beispielsweise eine unregelmäßige Teilnahme Konsequenzen auf das didaktische Konzept oder den Leistungsnachweis haben kann. Solche Unsicherheit oder Nichtwissen können durch die Lern- und Arbeitsvereinbarung, einem digitalen Knigge und durch das Ansprechen oder Thematisieren solcher Situationen transparent gemacht werden. Solche Situationen lassen sich zumeist schnell klären. „Vorsätzlich" meint Situationen, in denen Lernende bewusst provozieren, die Mitarbeit verweigern, explizit Widerstand leisten oder einen Machtkampf initiieren. Sie widersetzen sich dann dem Thema, der Lehrperson, dem Arbeitsauftrag oder der Zusammenarbeit mit anderen. Umso herausfordernder kann es sein, einen konstruktiven Umgang mit solchen Situationen zu finden. Das nächste Kapitel stellt eine Entscheidungshilfe und Interventionen für den Umgang mit Widerstand vor.

Reflexion:
Mit welchen Störungsstufen waren Sie bereits konfrontiert? Welche Interventionen sind aus Ihrer Sicht sinnvoll? Was macht für Sie den Unterschied im Umgang mit schwierigen Situationen in der synchronen Online-Lehre aus?

3.3 Umgang mit Widerstand

Gührs u.a. (2014) haben ein Modell zur Entscheidungshilfe für den Umgang mit Widerstand entwickelt, das auf die Hochschullehre übertragen werde kann. Wenn Studierende die Teilnahme oder die Mitarbeit verweigern oder andere Formen des Widerstands zeigen, müssen Lehrende entscheiden, wie sie damit umgehen. Die Autoren stellen fünf Interventionen vor, die empfohlen werden, je nachdem, wie stark sich der Widerstand negativ auf den Lernprozess auswirkt und die Motive für den Widerstand bei Lehrenden Akzeptanz finden oder nicht. Die fünf Interventionen Ignorieren, Eskalieren, Konfrontieren, Integrieren oder Tolerieren sind in der folgenden Abbildung als Matrix im Zusammenhang von Wirkung und Motiv dargestellt (Abb. 18).

Abb. 18: Umgang mit Widerstand nach Gührs u.a. (2014: 282) (eigene Darstellung)

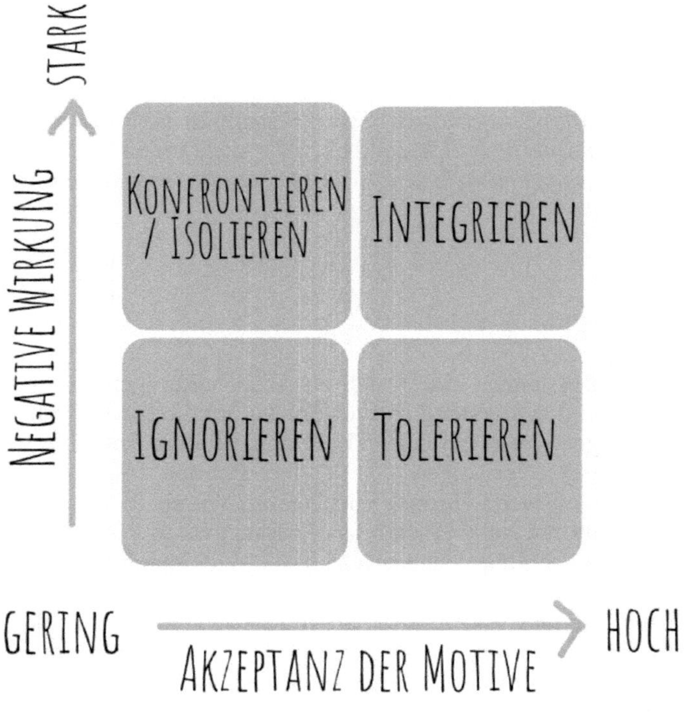

Anhand der folgenden Fragen zu Wirkung und Akzeptanz des problematischen Verhaltens, können Widerstände eingeschätzt und Interventionsstrategien entsprechend ausgewählt werden:

Negative Wirkung: Tritt das Verhalten wiederholt auf? Wie viele Gruppenmitglieder zeigen Widerstand? Befürchte ich negative Vorbildwirkung auf die anderen? Wie stark fühlen sich andere durch das Verhalten gestört? Ist die Veranstaltung dadurch gestört? Warten die Gruppenmitglieder auf eine Reaktion von mir?

Akzeptanz der Motive: Kann ich die Gründe für den Widerstand nachvollziehen? Geht es um das Anliegen einzelner oder vieler? Wie breit ist die Akzeptanz bzw. Solidarität in der Gruppe?

Bedeutsam für die Auswahl einer Intervention ist auch die Frage, welche Machtmittel in der Situation zur Verfügung stehen und welche Konsequenzen deren Einsatz mit sich bringen (vgl. Kap. 2.2.4).

Im Folgenden werden die fünf Interventionen im Zusammenhang von Wirkung und Akzeptanz des Motivs dargestellt:

Ignorieren bedeutet, das als Widerstand erlebte Verhalten aktuell nicht zu thematisieren, aber weiter zu beobachten. Wird dieses Verhalten fortgesetzt oder werden etwa andere Gruppenmitglieder zur Nachahmung animiert z.B. zunehmendes Zuspätkommen oder Zwischenrufe, gilt es zu konfrontieren.

Konfrontieren bedeutet, einen kurzen Machtkampf einzugehen. Dieser klärt, wer hier die Prozesshoheit hat und die Regeln bestimmt. Dabei kann es auch zu Eskalationen kommen, bei denen am Ende eine Person im Extremfall aufgefordert wird, die Situation zu verlassen. Dazu braucht es allerdings die entsprechenden Befugnisse (Machtmittel), die es auch durchzusetzen gilt. Wenn diese nicht gegeben sind, gilt als letzte Option, die Veranstaltung zu unterbrechen und nicht weiterzuführen. Das bedeutet allerdings, dass davon alle Studierenden betroffen wären.

Eine Sonderform des Konfrontierens ist das *Isolieren* eines Widerstands. Hier wird ein klärendes Seitengespräch beispielsweise in der Pause geführt, das den Gruppenprozess nicht stört. Eine Alternative ist der Hinweis auf die Selbstverantwortlichkeit. Hier wird Lernenden auch die Möglichkeit gegeben, für eine bestimmte Arbeitsphase nicht teilzunehmen. Diese Intervention entspricht dem Beispiel aus Kapitel 2.2.4, bei dem vorgestellt wurde, dass Studierende an Breakoutsessions teilnehmen können aber nicht müssen.

Widerstand kann auch aus unklaren Rahmenbedingungen, missverständlichen Absprachen oder aktuellen Ereignissen entstehen und deshalb den Prozess behindern. Wenn es Hinweise darauf gibt, sollte der Widerstand integriert werden, indem er in der Gruppe thematisiert wird. Dies kann den Prozess und das weitere Vorgehen klären. Lehrende entscheiden danach, wie es weiter geht. *Integrieren* bedeutet also die Teilnehmenden an der

Reflexion und Gestaltung des Prozesses zu beteiligen. Dies führt zumeist dazu, dass sich der Widerstand auflöst, da er seine Intention erfüllt hat.

Ist die Wirkung des Widerstands weniger gravierend, weil sich beispielsweise nur ein oder eine Lernende*r aus nachvollziehbaren Gründen verweigert, kann es sinnvoll sein, den Widerstand zu tolerieren. *Tolerieren* unterscheidet sich vom Ignorieren insofern, dass auf das Verhalten reagiert wird und den Betroffenen dabei signalisiert wird, dass das Motiv von der Lehrperson akzeptiert wird.

Widerstand oder kein Widerstand?

Wenn dieses Modell auf die Hochschullehre übertragen wird, wird deutlich, dass es neben offensichtlich gezeigtem Widerstand durch Lernende häufig auch Situationen gibt, in denen Lehrende studentisches Verhalten als Widerstand deuten. Dieses Verhalten von Studierenden ist aber häufig gar kein Widerstand. Deshalb ist es wichtig, mit den Studierenden in das Gespräch zu kommen und so auch angemessene Maßnahmen zu wählen. Wie sich dies für die Lehre darstellen kann, wird abschließend an einem Beispiel aus der Online-Lehre vorgestellt.

Fallbeispiel: Kamera

Eine Professorin war über die vielen schwarzen Kacheln im Seminar irritiert und verunsichert. Sie thematisierte dies mit einer Ich-Botschaft und fragte über ein Abfragetool die Studierenden, warum sie eigentlich die Kameras aushätten und ob dies mit ihrer Veranstaltung zu tun hätte. Diese gaben bereitwillig Auskunft und die Gründe waren mannigfaltig. Einige hatten technische Probleme, andere waren in einem Raum mit anderen, andere wollten nicht die einzigen sein, die die Kamera anhatten. Eine Studentin war bei kranken Angehörigen und wollte der Veranstaltung zumindest so verfolgen. Auf der Basis dieser Rückmeldungen begann die Professorin mit den Studierenden auszuhandeln, auf welche Weise die Lernziele am besten zu erreichen wären. Sie selbst war nun ruhiger und konnte besser mit dem schwarzen Kacheln umgehen und vereinbarte mit den Studierenden, dass mindestens die Hälfte bei Diskussion und Fallarbeiten die Kamera anmachen

sollten. Sie thematisierte auch die Selbstverantwortung der Studierenden, die sich entscheiden könnten, wann sie sich mit dem Thema auseinandersetzen wollten. Fragen würden in der Vorlesung beantwortet werden und nicht mehr in der Sprechstunde kurz vor der Klausur.
*Als Sie in einer Fachbereichsratssitzung mit Kolleg*innen sprach, waren diese über die schwarzen Kacheln äußerst frustriert. Ein Kollege sah sich in der Faulheit der Studierenden bestätigt und erklärte, dass er nun selbst die Kamera auslasse und die Studierenden halt selbst sehen müssten, wie sie zurechtkämen. Als sie von ihren Erfahrungen erzählte meinte dieser nur, dass dies bei ihm nicht klappen würde, da die Studierenden zu renitent wären.*

Reflexion:
Welche Widerstände würden Sie eher konfrontieren bzw. isolieren, eher ignorieren und integrieren? Welche können Sie tolerieren?

3.4 Umgang mit Einwänden und Killerphrasen

Viele Störungen und Schwierigkeiten in Lehrveranstaltungen lassen sich, wie gezeigt wurde, entweder didaktisch oder durch konstruktive Gespräche klären. Manchmal kommt es jedoch vor, dass sich Beiträge im Ton oder Inhalt schwieriger darstellen, weil schärfer, anklagender, provozierender, unangemessen oder inakzeptabel sind. Lehrende werden dabei angegriffen, andere Studierende diffamiert oder die thematische und wissenschaftliche Auseinandersetzung durch persönliche oder politische Beiträge unterlaufen.

Für den Umgang mit solchen Einwänden und „Killerphrasen" gibt es Gesprächsführungsstrategien, die helfen sollen, die Situation zu deeskalieren, zu klären oder auch zu beenden. Die hier vorgestellten beruhen auf Gesprächsführungsstrategien aus der klientenzentrierten Gesprächsführung, der lösungsorientierten und systemischen Beratung sowie dem provokativen Coaching (vgl. Radatz 2016, Höfner 2019.) Darüber hinaus kommen ausgewählte Minimax-Interventionen für Lehrer*innen nach Prior (2019) zum Einsatz sowie Ansätze aus der Peperoni-Strategie nach Weidner (2011). Die Gesprächsstrategien wurden von Schumacher (2011, 2013) auf die Hochschullehre übertragen und werden hier um weitere Strategien ergänzt.

Ziel ist es, pauschalisierenden Beiträgen, Einwänden oder Angriffen konstruktiv zu begegnen und möglichst daraus Lern- und Erkenntnisprozesse zu machen. Dies ist eine Haltung und Aufgabe, wie sie im Lerncoaching und im lösungsorientierten Konfliktmanagement bekannt ist. Die Voraussetzung hierfür ist eine neutrale bzw. konstruktive Haltung, wie man sie aus der Moderation kennt, sowie eine angemessene Beziehungsebene, also Rapport (vgl. Kap. 2.3.2). Lehrende ignorieren in solchen Fällen den Unterton und das Angreifende und suchen wertschätzend bis konfrontativ nach Anschlüssen für Lernen.

Strategien (nicht nur) für den Umgang mit Einwänden und Killerphrasen

1. Wertschätzendes Verstehen und konkretisierendes lösungsorientiertes Nachfragen
2. Selbstoffenbarung
3. Metakommunikation
4. Vorwurf-Wunsch-Regel
5. Umdeuten/Reframing
6. Mein Freund Jo/Meine Freundin Joe
7. Vergleich/Bilder
8. Humorvoll-provokatives Verhalten
9. Schallplatten-Technik
10. Delegieren/Ignorieren

1. Wertschätzendes Verstehen und konkretisierendes lösungsorientiertes Nachfragen

Diese Strategie ist dem aktiven Zuhören angelehnt. Dabei wird das Gesagte wiederholt und mit einer Frage in Richtung Lösung verbunden. Es wird also vorrangig nicht nach dem Grund des Einwands gefragt, sondern nach einer Lösung. Indem das Gesagte paraphrasiert wird, wird Verständnis signalisiert und mit der Frage der Ball zurückgegeben. Dies verschafft in kritischen Situationen Zeit. Verständnisorientiertes Zusammenfassen kann mit einer Formulierung wie „Verstehe ich Sie richtig, dass ..." begonnen werden. Bei Einwänden, die häufig verallgemeinert oder pauschalisierend sind, kann Differenzieren wichtig sein. Die Formulierung lautet dann: „Für Sie ist es ..."

Diese erste Strategie ist zentral für fast alle Lehrsituationen. Denn Aussagen von Studierenden zusammenzufassen und mit weiterführenden Fragen zu aktivieren, ist sowohl beim Moderieren von Lehrgesprächen und Diskussionen als auch in Sprechstunden und Beratungen wichtig, da durch sie Denk- und Lern- und hier Klärungsprozesse angeregt werden.

Beispiel: „Es gibt keine Literatur zu dem Thema." „Sie haben also bisher noch keine Literatur dazu gefunden. Was haben Sie denn bisher gemacht... und wo könnten Sie noch recherchieren?"

Beispiel: „Sie sagen also, Corona existiert nicht. Wie belegen Sie das?"

Beispiel: „Sie sagen, dass Gruppenarbeit für Sie nichts bringt. Wie müsste eine Gruppenarbeit gestaltet werden, damit sie gelingt?"

2. Selbstoffenbarung

Mit der Selbstoffenbarung bringen sich Lehrende selbst und ihre Erfahrungen oder Einschätzungen ein.

Beispiel: „Ich fand im Studium Gruppenarbeit auch oft blöd, bis ich in einem Forschungsprojekt festgestellt habe: Das braucht man auch."

Beispiel: „Mir macht das keine Freude, wenn ich nur vor schwarzen Kacheln vortrage."

Selbstoffenbarungen sind zudem geeignet, um Störungen zu thematisieren.

Beispiel: „Wenn hier immer mehr Leute sprechen und die Unruhe zunimmt, bringt mich das raus. Ich möchte Sie bitten Ihre Gespräche in der Pause fortzuführen."

Mit Selbstoffenbarungen können auch Grenzen signalisiert werden.

Beispiel: „Das ist nicht mein Humor."

Beispiel: „In der Sache gern, aber nicht in dem Ton."

Beispiel: „Wenn sich der Umgang hier nicht ändert, sehe ich keine Möglichkeit, dies weiter fortzuführen."

*Beispiel: „Ich an Ihrer Stelle würde mich mit der Frage zur Formatierung an Kommiliton*innen wenden. Wir Lehrende sind Ansprechpartner*innen für fachliche Fragen, bei denen Sie nicht weiterkommen."*

3. Metakommunikation

Mit Metakommunikation wird die Situation aus der Metaebene, also aus einer Beobachtungsperspektive von außen betrachtet. Gelungene Metakommunikation führt dazu, dass die Beteiligten eine Distanz zur Situation aufbauen und sich darüber verständigen. Die Thematisierung der Lern- und Arbeitsvereinbarung während des Semesters, ist auch eine Form der Metakommunikation.

Beispiel: „Klären wir noch einmal, wie die Ziele erreicht werden sollen. Dazu gehört auch Gruppenarbeit."

Die Intervention „Thematisieren" (vgl. Kap. 3.2) ist ebenfalls eine Form der Metakommunikation.

Beispiel: „Wenn nicht immer alle beim Seminar dabei sind, hat das Konsequenzen auf meine Seminarplanung. Wir müssen dann nochmal darüber sprechen, was das für den Seminarverlauf bedeutet."

Beispiel: „Wie ist es Ihnen mit dem Arbeitsauftrag gegangen?"

4. Vorwurf-Wunsch-Regel

Einwände und Killerphrasen haben meistens im Inhalt oder im Tonfall eine vorwurfsvolle bis anklagende Botschaft. Mit der VW-Regel wird aus einem Vorwurf ein möglicher Wunsch oder ein Ziel formuliert und dabei das Vorwurfsvolle ignoriert. So besteht die Möglichkeit, sich über nächste Schritte zu unterhalten, anstatt in eine Eskalationsschleife zu geraten.

Beispiel: „Sie wünschen sich also mehr Praxisbezug oder mehr Beispiele, um die Theorien einordnen zu können?"

Beispiel: „Sie hatten sich das Studium offensichtlich ganz anders vorgestellt? Was bedeutet das jetzt für Sie"

5. Umdeuten/Reframing

Beim Reframing wird einer Aussage eine neue Bedeutung gegeben, indem die Perspektive geändert wird. Das klassische Beispiel hierfür ist die Frage, ob ein Glas halb voll oder halb leer ist. Während beim sogenannten „Framing" ein Bezugsrahmen, wie etwa bei der Lern- und Arbeitsvereinbarung, gesetzt wird, setzt das Reframing eine Aussage in einen anderen Rahmen.

Gerade bei fachlich falschen Beiträgen besteht die Herausforderung etwas zu finden, was sich doch noch lernen oder erkennen lässt. Im Coaching bedeutet dies: Das Gute im Schlechten finden. Ein Sprichwort drückt es so aus: „Für einen Pessimisten ist alles Mist. Der Optimist sucht, ob im Mist noch etwas zu finden ist."

Beispiel: „Sammeln wir erstmal noch weitere Beiträge und Thesen, bevor wir sie gemeinsam abwägen."

Beispiel: „So ist das in der Forschung. Da schließen wir oft Dinge erstmal aus."

Beispiel: „Unsere Praxis ist die Theorie."

Beispiel: „Sie haben sich also mit Aspekten beschäftigt, an denen Gruppenarbeit scheitern kann. Das ist wichtig, damit wir wissen, was in Zukunft zu beachten ist."

6. Mein Freund Jo/Meine Freundin Joe

Eine Variante des Reframings ist die sogenannte „Mein-Freund-Jo/Meine-Freundin-Joe-Strategie". Hier wird aus der Perspektive von Stellvertreter*innen gesprochen, sodass Themen weniger direkt oder konfrontativ angesprochen werden. Ähnlich wie beim Storytelling wird von Kolleg*innen erzählt oder von anderen Kommiliton*in, die ein Problem hatten und wie sie damit umgegangen sind. Die Störung als „Elefant im Raum" (vgl. Kap. 2.1.2) wird also indirekt thematisiert, ohne dabei Einzelne herauszugreifen oder bloßzustellen.

Beispiel: „Manche hatten vielleicht bei der Übungsaufgabe diese Schwierigkeit ..."

Beispiel: „Kürzlich hatte ein Kommilitone in der Sprechstunde ein ähnliches Problem. Er hatte sich dann an die Beratungsstelle x gewandt."

7. Vergleich/Bilder

Der Einsatz von Bildern und Vergleichen kann ebenso zu Verständnis und Einsicht führen. Formulierungen wie „Das ist hier wie …" oder „Die Situation ist für mich vergleichbar mit ..." dienen dazu, ein Bild zu finden, das verdeutlicht, um was es gerade geht oder eben nicht geht. So kann in einer Lern- und Arbeitsvereinbarung der Vergleich zwischen einer Reise auf der AIDA oder in einem Tretboot eingeführt werden, um den Unterschied zwischen dem Besuch einer Vorlesung und der aktiven Mitarbeit zu erläutern. Gruppenarbeiten und ihre Reflexion werden mit einer Bergtour verglichen, die Metapher von „Inneren Schweinehund" (Stavemann 2021) thematisiert eigene Widerstände oder Schwierigkeiten, wodurch diese leichter und mit einem Augenzwinkern angesprochen werden können.

Beispiel: „Es gibt Einzel- und Mannschaftssportarten. Fußball spielt man auch nicht allein. Diese Gruppenarbeit ist ein Fußballspiel."

8. Humorvoll-provokatives Verhalten

Das humorvoll-provokative Vorgehen wird im provokativen Coaching eingesetzt, um Wachstumsbremsen zu thematisieren und zu lösen (vgl. Kap. 1.1). Dabei sollte eine humorvolle Äußerung so gestaltet sein, dass sie nicht die Person ins Zentrum stellt, sondern ihr Verhalten. Wichtig ist dabei, dass die Beziehungsebene stimmt, also Rapport, und eine wertschätzende Grundhaltung vorhanden sind.

Beispiel: „Sie leiden offenbar auch an einer Gruppenarbeitsallergie. Dann verstehen Sie dies als Desensibilisierungstherapie."

Beispiel: „Wenn Sie sich weiter so engagieren, kann ich Ihnen ja glatt die Seminarleitung überlassen."

Humor kann bei der Gestaltung von Lehr- und Lernprozessen nützlich sein, um Situationen zu thematisieren oder zu entspannen. Dabei sollte er allerdings nicht auf Kosten anderer gehen, sondern sich auf die Lehrperson selbst oder auf das Fach beziehen. So führt ein Professor zentrale Konzepte seiner Vorlesung anhand von Mathematik-Witzen ein. Humor in der Lehre bleibt trotzdem ein zweischneidiges Schwert. Nicht immer teilen alle denselben Humor und bei Konflikten sollte er eher nicht zum Einsatz kommen. Denn es besteht die Gefahr, dass Humor Sarkasmus oder Zynismus ist oder als Machtmittel eingesetzt wird. Diese destruktive Konfliktstrategie führt dann eher zu Eskalationen oder zum Rückzug der Beteiligten. Trotzdem stellen viele Lehrende fest, dass ein „Elefant im Raum" gut wertschätzend-humorvoll und mit einem Augenzwinkern thematisiert werden kann. Eine humorvoll-provokative Reaktion zeigte ein Professor als sich die Unruhe im Hörsaal auch nach mehrmaligem Thematisieren und Bitten nichts veränderte. Er setzte sich hinters Pult und las Zeitung. Mit der Zeit wurde es immer stiller und als Ruhe eingekehrt war, machte er weiter.

Beispiel: „Ich löse den Sachverhalt nicht für Sie, damit Sie mich später, wenn Sie mal im Job sind, nicht ständig anrufen."

Beispiel: „Sie stehen in meinem Satz."

9. Schallplatten-Technik

Eine spezielle Strategie ist die sogenannte Schallplatten-Technik. Sie kommt zum Einsatz, wenn bestimmte Beiträge oder Verhaltensweisen wieder und wieder vorgebracht werden. Gerade in Situationen, in denen Menschen ihre politischen oder persönlichen Positionen massiv einbringen, ist es wichtig, sich nicht weiter in die Auseinandersetzung ziehen zu lassen, wenn es zu keiner Klärung kommen kann. Dabei wird, wie bei einer Schallplatte, immer wieder gleich reagiert.

Beispiel: „Ja, Sie sagten bereits, dass Sie gegen Gruppenarbeit sind."

Beispiel: „Es ist in dieser Situation nicht möglich noch einen weiteren Punkt für die Klausur zu geben. Kann ich sonst noch etwas für Sie tun?"

Beispiel mit Störungsstufen: „Sie haben Ihre Meinung nun deutlich gemacht. Haben Sie noch einen Beitrag zum eigentlichen Thema der Sitzung?" „Auch dies ist eine Meinungsäußerung von Ihnen, die wir bereits kennen." „Da Sie sich in ihren Beiträgen nicht an die eigentliche Thematik halten, werde ich Sie in Zukunft mehr unterbrechen."

10. Delegieren/Ignorieren

Einwände können auch ignoriert oder delegiert werden. Dabei wird auf den Einwand gar nicht eingegangen oder an die Gruppe delegiert oder auf einen späteren Zeitpunkt verschoben.

Beispiel Ignorieren/Delegieren: „Danke für den Hinweis. Gibt es sonst noch Fragen zur Gruppenarbeit?" „Wie sieht die Gruppe das?"

Beispiel Ignorieren mit Ansage: „Den Spruch überhöre ich jetzt mal. Ansonsten müsste ich die Gleichstellungsstelle hinzuziehen."

Reflexion:
Welche dieser Gesprächsstrategien passen zu Ihnen und wann sind sie aus Ihrer Sicht angebracht oder eben auch nicht?

Überlegungen zum Einsatz solcher Strategien

Wie an den vorgestellten Beispielen gezeigt wurde, sind manche der Gesprächsführungsstrategien eher dazu gedacht, Lern-, Reflexions- oder Erkenntnisprozesse in Gang zu setzen, während andere eher der Einordnung oder der Grenzziehung dienen.

Der Umgang mit solchen Einwänden ist Übungssache, denn häufig fallen uns mögliche Reaktionen erst später ein. Von daher sollten sich Lehrende auf typische Einwände vorbereiten und wappnen. Personen, die humorvoll sind, können wahrscheinlich leichter mit humorvoll-provokativen Strategien arbeiten als ernsthaft-zugewandte. Für sie sind dann wertschätzendes Verstehen und konkretisierendes lösungsorientiertes Nachfragen oder Selbstoffenbarungen zumeist authentischer.

In solchen Situationen zu reagieren ist nicht immer leicht und braucht Übung. Sind Lehrende von persönlichen Angriffen oder Einwänden persönlich getroffen, ist Selbstreflexion und Selbstfürsorge wichtig (vgl. Kap. 4). In diesem Fall sind die ersten drei der folgenden Gesprächsstrategien geeignet, um Zeit zu gewinnen und sich zunächst selbst aus der „Schusslinie" zu bringen.

Neben diesen rhetorischen Mitteln geht es in Lehrveranstaltungen sicherlich vor allem um thematische oder fachliche Auseinandersetzungen. Dies führt uns dann wieder zur didaktischen Prävention, die auch eine gute inhaltliche Vorbereitung der Lehrenden beinhaltet. Denn mit schwierigen Situationen oder Einwänden kann besser umgegangen werden, wenn Lehrende fachlich „fest im Sattel sitzen".

Werden Lehrveranstaltungen durch extreme politische Aussagen gestört, kann ebenfalls mit den Störungsstufen (Kap. 3.2) gearbeitet werden. Bedarf es einer inhaltlichen Auseinandersetzung, gilt es auch hier, sich zu wappnen. Gralke u.a. (2020) etwa zeigen in ihrem Buch „Sprich es an" wie man rechtspopulistischer Sprache höflich radial entgegentritt.

Einwände, verbale Angriffe oder unangemessenes Verhalten sind gesellschaftliche Phänomene, mit denen auch Universitäten und Hochschulen konfrontiert sind und die den Umgang untereinander beeinflussen. Es gibt allerdings auch Hochschulmitglieder und Lehrende, die sich selbst unangemessen sexistisch, rassistisch oder diskriminierend verhalten und mit denen Studierende, wissenschaftliche Mitarbeiter*innen oder Kolleg*innen konfrontiert sind. Sich hier zu behaupten oder Zivilcourage zu zeigen, stellt eine Herausforderung dar, wenn Prüfungssituationen oder Abhängigkeitsverhältnisse bestehen.

Gerade in der virtuellen Welt zeigt sich besonders deutlich, wie sich Personen aufgrund der Entgrenzung und Anonymität des Internet, unangemessen äußern. Sarah Bosetti zeigt auf beeindruckende Weise, wie sie mit Liebeslyrik auf solche Angriffe gegen sie reagiert, wie in „Ich habe nichts gegen Frauen, Du Schlampe! Mit Liebe gegen Hasskommentare." (Bosetti 2021).

3.5 Umgang mit extremen Situationen

Es gibt neben typischen schwierigen Lehrsituationen auch Situationen, die durchaus extremer sind und von daher besonderer Aufmerksamkeit bedürfen. Gemeint sind hier Situationen in Lehre oder Beratung, die entweder durch eine hohe persönliche Betroffenheit oder Beeinträchtigung Studierender, Lehrender oder des Lehrbetriebs gekennzeichnet sind. Dies betrifft Täuschungsversuche und Plagiate, aber auch strafrechtlich relevante Äußerungen bis hin zu tätlichen Angriffen oder sexuellen Übergriffen.

Geschieht eine solche extreme Situation empfiehlt es sich immer, Unterstützung und fachlichen bzw. juristischen Rat einzuholen. Dabei müssen häufig zentrale Stellen wie etwa das Dekanat, das Prüfungsamt oder die psychologische Beratungsstelle, das Justiziariat, die Hochschulleitung oder die Polizei hinzugezogen oder eingeschaltet werden. Dort kann geklärt werden, welche Maßnahmen einzuleiten sind, welche rechtlich bindend sind und wer sie durchführt.

Reflexion:
Was wären Ihre Maßnahmen in solchen Situationen?

3.6 Conclusio: Didaktische Prävention und Störungen am Beispiel studentische Beteiligung

Nachdem die Möglichkeiten des Umgangs mit Störungen, Konflikten und Widerstand in der Lehre gezeigt wurden, wird nun der Zusammenhang von didaktischer Prävention und dem Umgang mit schwierigen Situationen am Beispiel Beteiligung vorgestellt. Das Thema bietet sich an, weil der Diskurs, die Auseinandersetzung und der Austausch zwischen Lehrenden und Studierenden sowie unter Studierenden ein zentraler Aspekt in der Wissenschaft ist und soziales Lernen ausmacht. Lehrgespräche, Diskussionen und aktivierende Lehrmethoden leben von der Beteiligung Studierender, indem Inhalte oder Konzepte geklärt, besprochen, analysiert, angewandt oder diskutiert werden.

Während Lehrmethoden zumeist mit Gruppenarbeiten und seinen Herausforderungen verbunden sind (vgl. Kap. 2.1.3, 2.2.2, 2.2.5), finden Lehrgespräche und Diskussionen eher im (digitalen) Plenum statt. *Lehrgespräche* kommen in wissensvermittelnden Phasen zum Einsatz und sind zielorientierter und dozentenorientierter, wenn Lehrende durch Fragen und Aufgaben Vorwissen und Wissen durch die Interaktion mit Studierenden erarbeiten oder überprüfen. Dabei geht es zumeist um fachlich eindeutige Antworten. *Diskussionen* hingegen sind eher gruppenorientiert und ergebnisoffener. Sie werden eher bei weniger eindeutigen, widersprüchlichen, abzuwägenden oder meinungsbildenden Anlässen eingesetzt. In Seminaren ist das wissenschaftliche Denken und Argumentieren nach Referaten oder Textarbeiten ein zentrales Lernziel.

Lehrgespräche und Diskussionen können mit verschiedenen Schwierigkeiten bzw. Herausforderungen verbunden sein, die bereits in der didaktischen Prävention teilweise antizipiert werden können. Trotzdem treten bei der Durchführung häufig typische Phänomene und Störungen auf, denen Lehrende begegnen müssen. Dafür ist die eigene Rollenklarheit eine wichtige Voraussetzung. Lehrende sind in Lehrgesprächen und Diskussionen nämlich nicht immer nur neutrale Moderator*innen, wie es aus der klassischen Moderation bekannt ist. Sie haben in der Lehre vielmehr häufig eher eine einordnende, Bezüge-herstellende Moderationsaufgabe und sogar korrigierende Funktion (vgl. Schumacher 2017).

Überlegungen zur didaktischen Prävention

Viele Lehrende berichten, das die Beteiligung durch Studierende meistens sehr unterschiedlich ist. Dabei stehen drei Phänomene besonders im Fokus: die mangelnde Vorbereitung, die geringe Beteiligung sowie Dynamiken in der Gruppe, die den Rahmen fachlich oder persönlich sprengen. Zudem wird von diesem typischen Phänomen berichtet, dass sich nämlich immer wieder die gleichen Studierenden melden oder beteiligen. Alle diese Aspekte und Phänomene können bei der didaktischen Prävention bedacht, entsprechend vorbereitet, gestaltet und ggfs. thematisiert werden. Dabei können diese Fragen wichtig sein:

Wodurch werden Studierende fit in der Thematik, damit ein Lehrgespräch oder eine Diskussion möglich wird? Welche Texte sind angemessen? Wie können Studierende zum Lesen komplexer Texte angeleitet werden? Wird im Seminar vor der Diskussion gemeinsam gelesen? Wodurch werden Referate von Studierenden gut vorbereitet? Wie sieht der Plan B aus, wenn Referate weniger gut bzw. Texte nicht gelesen wurden? Welche Vereinbarungen lassen sich beim Einstieg in einer Lern- und Arbeitsvereinbarung treffen? Wie können Studierende zur Beteiligung zunächst niedrigschwellig oder anonym durch Abfragetools angeregt und ermutigt werden? etc.

Im Verlauf des Buches wurde in den Kapiteln 2.1 - 2.3 teilweise darauf Bezug genommen. Centeno (2019) gibt in „Das Seminar als Denkschule. Eine diskursorientierte Didaktik für die Hochschule" (Centeno 2019) weitere wichtige Hinweise für die Planung und Durchführung.

Da die Beteiligung Studierender von unterschiedlichen Faktoren abhängt, sollten sich Lehrende bei der Vorbereitung darauf einstellen, dass sich wahrscheinlich eher selten alle Studierende gleich intensiv vorbereiten oder beteiligen werden. Zu klären ist, wie mit solchen schwierigen Situationen umgegangen werden soll und welche „kritische Menge" an Beteiligung für Lehrende und die Lernziele ausreichend sind. Auch hier werden Lehrende von ihrer Haltung geleitet: Einige sehen es nicht als ihre Aufgabe und teilen den Studierenden mit, dass es an ihnen liegt, ob und was sie mitnehmen. Andere entwickeln eine differenzierte Lehrveranstaltungs-Dramaturgie, holen Studierende ab und ermutigen sie immer wieder neu, sich zu beteiligen.

Wenn Studierende zur Beteiligung angeregt werden sollen, dann ist es sinnvoll, sich mit den Gründen auseinanderzusetzen, weshalb sie sich möglicherweise nicht beteiligen können oder wollen. Die folgende Tabelle (Tab. 5) stellt mögliche Gründe und Vorschläge für den Umgang damit dar.

Sicherlich sind diese Gründe zunächst als Hypothesen zu verstehen, denn solange sie nicht explizit thematisiert und mit Studierenden besprochen wurden, können Lehrenden hier Attributionsfehler (vgl. Kap. 3.1.2) unterlaufen. Die Gründe zeigen aber auf, wann und ob Interventionen sinnvoll sind. Zugleich ist die „didaktische Demut" wichtig, also das Wissen darüber, dass sich voraussichtlich trotz vieler Bemühungen Lehrender nicht alle Studierende zur aktiven Beteiligung in der Gruppe anregen lassen.

Tab. 5: Geringe Beteiligung: Gründe und Maßnahmen

Gründe für geringe Beteiligung	**Mögliche Maßnahmen**
Es ist nicht klar, dass die kritische Diskussion ein explizites Lernziel ist.	Explizit machen, exemplarisch anleiten und aufzeigen
Sie sind (noch) nicht am Thema oder der Fragenstellung interessiert.	Aufmerksamkeitswecker, besuchende Haltung ignorieren oder konfrontieren
Sie brauchen mehr Zeit zum Nachdenken.	Bedarf erfragen, mehr Zeit geben
Sie sind stillaktiv.	Würdigen, Integrieren durch Aufgaben
Sie haben schlechte Erfahrungen gemacht oder wurden beschämt.	Wertschätzendes Klima schaffen, fehlerfreundlich und nahbar ein
Sie sind unsicher, ob sie überhaupt wissenschaftliche Beiträge leisten können.	Mit kleinen Übungen einsteigen, Beiträge einordnen und Bezüge herstellen (Reframing)
Sie haben noch kein Vertrauen zur Lehrperson oder Kommiliton*innen.	Zeit geben, Vorbild sein, Kennenlernen und Austausch fördern
Sie sind von auftretensstarken Studierenden oder höheren Semestern eingeschüchtert.	Alle Beiträge wertschätzen, auf gleichmäßige Redebeiträge achten, Gruppenarbeit einsetzen, ggfs. dazu Stellung nehmen
Sie haben andere Lernpräferenzen, hören lieber zu oder denken lieber selbst nach.	würdigen, individuelle Lernwege zulassen, ggfs. auf Lernziele wie kommunikative Kompetenzen hinweisen
Sie erkennen in der synchronen Online-Lehre nicht, ob und wann sie sprechen sollen. (Verantwortungsdiffusion)	Abfragen nutzen, Meldeketten, Aufruf nach digitalem Handheben
Sie sind abgelenkt und mit anderen Dingen beschäftigt.	weiter einladen, Konsequenzen verdeutlichen, ignorieren, ggfs. konfrontieren

Weitere Phänomene, Störungen und Interventionen

Die obigen Ausführungen machen deutlich, dass auch hier viele dieser Aspekte von den Faktoren Globe, Thema, Gruppe und Ich beeinflusst werden und sich auf den Verlauf und die Dynamik von Lehrgesprächen und Diskussionen auswirken können. Lehrende haben die Möglichkeit bei geringer Beteiligung die Störungsstufen und Interventionen aus Kapitel 3.2 nutzen, indem sie beispielsweise das Plenum unterbrechen und die Diskussionen in Gruppen oder Breakoutsession verlagern oder das Schweigen thematisieren. Lehrende berichten, dass Diskussionen durchaus dynamischer wurden, wenn ein Methodenwechsel stattgefunden hat oder sie sich aus der Diskussion selbst rausgezogen hatten. Auch die Übernahme der visuellen Ergebnissicherung kann den Fokus auf die Diskussion innerhalb der Gruppe lenken, während die Moderation nur das „schreibende Händchen" ist. Bleibt es trotz Einladung weiter beim Schweigen wechseln manche Lehrende zu anonymen Abfragen. Eine Pause im Plenum kann aber auch schlichtweg ausgehalten und als „Denkruhe" verstanden werden (vgl. Prinzip Pause). Dabei können die Gesprächsstrategien aus Kap. 3.4 genutzt werden, wie das folgende Beispiel Selbstoffenbarung mit Metakommunikation zeigt: *„Ich kann mich erinnern, dass ich im Studium auch Zeit gebraucht habe, bevor ich mich äußern konnte. Möglicherweise denken Sie gerade noch über einen Aspekt nach. Oder vielleicht ist für Sie alles klar. Ich würde sagen, wir machen dann mit ... weiter. Sie können gerne auch noch später Fragen oder Beiträge einbringen."*

In hitzigen Debatten können zudem persönliche Präferenzen und Meinungen oder auch Dynamiken zwischen Gruppenmitgliedern den Verlauf beeinflussen. Dann geht es darum, die Beiträge wieder auf die Fragestellung zu beziehen, unangemessene Beiträge zu ignorieren oder zu konfrontieren, wie es im Modell für den Umgang mit Widerstand vorgestellt wurde (vgl. Kap 3.3.).

Studierende sind je nach Situation schlichtweg unterschiedlich „im Thema drin" und eben unterschiedlich engagiert dabei. Darauf sollten sich Lehrende einstellen. Die Haltungen Lernender in solchen Situationen können mit den situativen Haltungen (besuchend, klagend, co-moderierend und sich-kundig-machenwollend) aus der Einführung betrachtet werden (vgl. Kap. 1.1).

Die *besuchende* Haltung ist zwar anwesend, aber (noch) nicht wirklich beteiligt. Sie kann eingeladen, aber nicht zur Beteiligung gezwungen werden. Lehrende berichten, dass manche Studierende schlichtweg Zeit brauchen und sich im Verlauf dann doch noch einbringen. Sie stellen sich auf teilweise „besuchendes Mitlaufen" ein und lassen diese Studierenden eher in Ruhe.

Sind viele Studierende in der besuchenden Haltung so kann es gerade im Hörsaal zu Störungen kommen, die sich in langem Schweigen oder umgekehrt in zunehmender *Unruhe* ausdrückt. Dieser „Elefant im Raum" (vgl. Kap 2.1.2) nimmt dann als Störung immer mehr Vorrang und kann mit verschiedenen Interventionen von Ignorieren, Selbstoffenbarung oder leise Sprechen der Lehrperson begegnet werden. Hierbei zeigt sich, dass es einen Unterschied macht, ob einzelne Studierende stören oder ein Großteil der Gruppe. Ob Interventionen hier gelingen, hängt von verschiedenen Faktoren ab. Im Extremfall könnte die Veranstaltung unterbrochen werden mit der Ankündigung, dass es nach der Pause oder in der nächsten Sitzung dann weiter geht.

Die *klagende* Haltung ist mit den Faktoren beschäftigt, die es ihr vermeintlich schwer macht, sich mit dem Thema auseinanderzusetzen. Diese klagende bzw. beschwerende Haltung ist je nach Hochschulform mehr oder weniger stark ausgeprägt und geht u.U. mit Fehlvorstellungen über Studium, Textarbeit oder Mitarbeit einher. Trotzdem berichten Lehrende, dass eine solche Perspektive für den Diskussionsprozess manchmal sogar fruchtbar sein kann, weil Kritik das Thema voranbringen kann und auch als Anlass für Metakommunikation ist. Allerdings kann die Herausforderung darin liegen, trotz des anklagenden Tonfalls, in der Moderationsrolle zu bleiben und den Sinn und Nutzen des Einwands durch Reframing, Sinnvermittlung oder konkretisierendes Nachfragen - oder Grenzen setzen - aufzuzeigen.

Die *co-moderierende* Haltung bringt sich in Diskussionen und Lehrgespräche stärker ein und möchte damit einen eigenen Beitrag leisten. Dies kann den Erkenntnisprozess bereichern, aber auch den Verlauf stören, wenn von der Person viel Raum eingenommen wird, Beiträge eher wegführend oder sogar falsch sind. In der Moderation ist es wichtig, Beiträge zu würdigen, falsche Beiträge aber sehr wohl zu kommentieren oder gemeinsam mit der Gruppe konstruktiv zu klären. Bei einem co-moderierenden

Verhalten sollte auf das Gleichgewicht der Redebeiträge geachtet werden, weshalb die Einführung von Gesprächsregeln in der Lern- und Arbeitsvereinbarung wichtig ist und nun darauf Bezug genommen werden kann. Bei dieser Haltung ist der Unterschied zwischen fahrlässig und vorsätzlich von Bedeutung (vgl. Kap. 3.2). Lernende, die einen fachlichen oder persönlichen Machtkampf anstreben, müssen ggfs. begrenzt werden ohne dass es zu einem Gesichtsverlust in der Gruppe kommt. Die Kapitel 3.4 und 4.4 bieten hierzu Anregungen. Lehrende berichten, dass sie lieber falsche Beiträge erhalten als gar keine, denn mit diesen könnte immerhin weitergearbeitet werden.

Die *sich-kundig-machen-wollende* Haltung ist eben die, durch die Diskussionen und Lehrgespräche lebendig und wertvoll werden, weil Studierende interessiert, motiviert und vorbereitet sind und sich einbringen. Lehrende verstehen sich deshalb häufig mit diesen besonders gut und orientieren sich auch eher an ihnen. Dabei sollten die anderen Studierenden nicht aus dem Blick verloren gehen. Wenn sich Lehrende immer nur auf die aktiven Studierenden beziehen, haben diese allerdings häufig irgendwann keine Lust mehr die „Leistungsträger*innen" der Gruppe zu sein und ziehen sich zurück. In der synchronen Online-Lehre machen dann auch noch diese Studierenden die Kamera aus, weil sie immer wieder angesprochen wurden.

Tierisches in der Moderation

Bei der Moderation in Lehrveranstaltungen gibt es typische Phänomene, die abschließend im Cartoon „Tierisches in der Moderation" (Abb. 19) aufgegriffen und mit Anregungen für den Umgang verbunden werden.

Abb. 19: Tierisches in der Moderation

Hinweise für den möglichen Umgang damit:

Streitsüchtig: Sachlich und ruhig bleiben, nicht in Streit einlassen

Positiv: Stütze der Veranstaltung, Ergebnisse zusammenfassen lassen, bewusst in die Diskussion einbeziehen

Allwissend: Gruppe zu Behauptungen Stellung nehmen lassen

Redselig: Redezeit begrenzen, taktisch unterbrechen

Ablehnend: Ehrgeiz wecken, Kenntnisse anerkennen

Schüchtern: Ermutigen, Beiträge wertschätzen, Sicherheit geben

Desinteressiert: Nach Erfahrungen oder Interessen fragen

Erhaben: Keine Kritik üben, „Ja-und-Formulierungen" wählen

Ausfragend: Fragen an Gruppe geben, Einwand-Vorwegnahme

4 Reflexion und Selbstfürsorge

Das Kapitel Reflexion und Selbstfürsorge stellt Möglichkeiten der Reflexion vor und fokussiert dabei die Frage, was Lehrveranstaltungssituationen für Lehrende schwierig machen und inwiefern Lehrende unter Umständen selbst zu schwierigen Lehrsituationen beitragen. Sich selbst und den eigenen Konfliktstil zu kennen, aber auch für sich selbst zu sorgen und Grenzen zu setzen sind weitere zentrale Aspekte. Schwierige Lehrsituationen können bei der Nachbereitung einer Lehrveranstaltung reflektiert werden.

Reflexion gehört in vielen beruflichen Handlungsfeldern zum professionellen Selbstverständnis und ist integraler Bestandteil der professionellen Arbeit. Über die eigene Berufspraxis nachzudenken und das eigene Verhalten zu beobachten, ist vor allem in Berufen, die mit Menschen zu haben, besonders wichtig. Sie ermöglicht sowohl die Reflexion als auch die Entwicklung angemessener Umgangsformen, sogenannte Coping-Strategien, also Bewältigungsstrategien.

Dabei bietet Reflexion die Gelegenheit, Erfahrungen oder schwierige Fälle beispielsweise im kollegialen Austausch oder, dann systematischer, in Supervision oder Kollegialer Beratung, zu besprechen und zu bearbeiten. Dabei werden Supervisionen üblicherweise von Supervisor*innen durchgeführt, während Kollegiale Beratungen im Kolleg*innenkreis (und ggfs. mit der Unterstützung einer Moderation) stattfinden.

In den letzten Jahren nehmen an Universitäten und Hochschulen Coaching-, Beratungs-, Supervisionsangebote sowie Mentoring zu und werden für Lehrende, Nachwuchswissenschaftler*innen bis hin zu Führungskräften, aber auch für Studierende oder Tutor*innen angeboten. Reflexionen finden häufig auch im kollegialen und informellen Austausch statt und dienen der Entlastung oder geben kollegiale Impulse, indem Erfahrungen und Ideen ausgetauscht werden.

Systematische Angebote gibt es beispielsweise im Rahmen hochschuldidaktischer Angebote oder Weiterbildungsmaßnahmen. Hier haben Lehrende die Möglichkeit, schwierige Lehrsituationen oder Fälle u.a. in Praxisberatungen, in kollegialen Beratungen oder nach Lehrhospitationen zu besprechen. Klinkhammer (2007) beschäftigt sich mit der Frage, wie durch Supervision und Coaching im Kontext der Hochschule ein Perspektivwechsel durch (Selbst)Reflexion gelingen kann. Hageman u.a. (2005) zeigen Möglichkeiten der Selbst-Supervision für Lehrende zur Selbstorganisation beruflicher Reflexion auf.

Miller beschreibt in seinem Buch „Als Lehrer souverän sein" (2011) Phänomene der Sozial- und Kommunikationspsychologie, die schwierige Situationen durch die Lehrenden selbst schwierig machen können und die bereits in den anderen Kapiteln thematisiert wurden. Er nennt in diesem Zusammenhang die eigene Frustration oder Ärger, selektive Wahrnehmung, selbsterfüllende Prophezeiungen, Übertragungen, Pauschalisierungen sowie Attributionsfehler. Er empfiehlt, sich mit solchen Phänomenen auseinanderzusetzen, da sie die Interaktion mit Lernenden erheblich beeinflussen können.

Sich selbst kennen – für sich sorgen – sich weiterentwickeln

Da der Umfang dieses Buches begrenzt ist und Reflexionen mit Außenstehenden am besten gelingen, werden an dieser Stelle nur einige Möglichkeiten und Konzepte der Selbstreflexion und Selbstfürsorge vorgestellt (Kap. 4.1). Diese Modelle sollen helfen, sich selbst und den eigenen Konfliktstil besser zu verstehen (vgl. Kap. 4.2.). Dabei ist auch der sogenannte „supervisorische Blick" (vgl. Kap 4.3.) während und nach der Veranstaltung wichtig, mit dem die Perspektive erweitert wird und so neue Ideen gewonnen werden können, wie es beim Prinzip Überblick ausgeführt wurde (vgl. Kap. 2.3.2). Außerdem können Ansätze der eigenen Selbstfürsorge dazu dienen, gerade bei starker Betroffenheit durch Konflikte, eigene Bedürfnisse zu erkennen und Grenzen aufzuzeigen.

Hinweis:
Diese folgenden Modelle und Konzepte geben einen Überblick, wie Reflexion angeregt werden kann. Diese unterscheiden sich nach psycholo-

*gischem Ansatz und Hintergrund. Sie sind wie verschiedene Brillen zu verstehen, mit denen eine Situation betrachtet und reflektiert werden kann. Gerade wenn Sie von einem Konflikt stark betroffen sein sollten und sich in der Einführung im Becken der Lehrerfahrungen (vgl. Abb. 2) tiefer verortet haben, empfiehlt sich ein Gespräch mit vertrauenswürdigen Kolleg*innen oder beispielsweise einer/einem Supervisor*in.*

In der Psychologie gibt es unterschiedliche Modelle, die sich mit dem menschlichen Handeln, seinen Motiven und Hintergründen befasst. Die Transaktionsanalyse (TA) nach Berne (2002) gehört, wie die Themenzentrierte Interaktion auch, zu den humanistischen Ansätzen, deren Axiome und Postulate im Kapitel 1 vorgestellt wurden. Sie sind besonders geeignet für die hier angestrebte wertschätzende und lösungsorientierte Haltung und Kommunikation. Gührs u.a. (2014) geben Hinweise, wie die TA in Beratung, Unterricht und Mitarbeiterführung angewandt werden kann. Für Berne u.a. (2002) drückt sich diese Haltung in der Aussage „Ich bin o. k. - Du bist o. k." aus, im Unterschied zum „Ich bin o. k. - Du bist nicht o. k.", „Ich bin nicht o. k. - Du bist o. k." und „Ich bin nicht o. k. - Du bist nicht o.k." Das Modell ist auch interessant, weil es unterschiedliche Ich-Zustände beschreibt, die die Kommunikation, in der TA Transaktionen genannt, beeinflussen. Kritische oder fürsorgliche Eltern-Ich-Anteile, Erwachsenen-Ich-Anteile und angepasste, freie oder rebellische Kind-Ich-Anteile beeinflussen durch die Stimme und Körpersprache die Kommunikation. Ein typisches Beispiel ist die Aufforderung Lehrender, dass sich die Studierenden „endlich mal wie Erwachsene benehmen" sollten. Diese Aussage, aus dem Eltern-Ich gesprochen, regt eher das rebellische oder angepasste Kind-Ich bei Studierenden an, sodass eine Kommunikation zwischen dem Erwachsenen-Ich der Lehrenden und der Studierenden nicht möglich wird. Betrachtet man die Ausführungen zur Generationenkompetenz (Kap. 2.1.3) und Lehren und Konflikte lösen als Kommunikationsprozess (Kap. 1.4), so wird deutlich, dass Lehrende eben nicht nur das Fachliche und Didaktische im Blick haben sollten, sondern gerade auch die Kommunikationsprozesse und ihre eigenen Anteile daran.

4.1 Sich selbst kennen

Grundformen der Angst

Riemann u.a. (2019) beschäftigen sich mit den sogenannten Grundformen der Angst und entwickelten daraus ein Modell, das in vielen beruflichen Handlungsfeldern als Grundlage für das Verständnis von Personen und ihren Verhaltensweisen dient. Sie beschreiben die vier Anteile Dauer, Wechsel, Nähe und Distanz, die sich in Antinomien gegenüberstehen. Jeder dieser vier Anteile ist bei Menschen unterschiedlich stark ausgeprägt und beinhaltet spezifische Werte, Stärken und Schwächen (Abb. 20). Diese wirken sich somit auch auf Konflikte aus.

Abb. 20: Grundformen der Angst

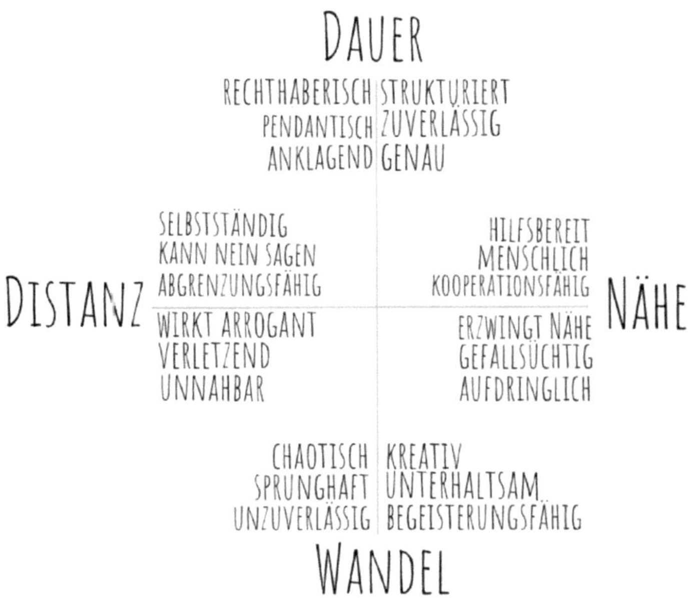

Im Folgenden wird jeder Anteil und seine Auswirkungen auf den Umgang mit Konflikten erläutert:

Eine Person, bei der der Anteil *Nähe* stark ausgeprägt ist, benötigt das Gefühl, dass nicht sie kritisiert wird, sondern Themen und Verhaltensweisen. Sie möchte bei Spannungen das Gefühl erhalten, geschätzt und gemocht zu werden. Wichtig ist ihr, dass das Gegenüber auf diese Gefühle und Bedürfnisse eingeht. Sie wünscht sich Vertrauen und auch, dass sich das Gegenüber mit seinen Gefühlen und Bedürfnisse ebenfalls offenbart.

Eine Person, bei der der Anteil *Distanz* stark ausgeprägt ist, kann sachlich vorgetragene Kritik gut akzeptieren. Sie mag es nicht, wenn andere um den heißen Brei herumreden und wünscht sich „Tacheles". Sie kann es schlecht ertragen, wenn andere versuchen die eigenen Gefühle und Bedürfnisse zu ergründen und möchte nach der Aussprache in Ruhe gelassen werden, um die Sache mit sich selbst ausmachen zu können.

Eine Person, bei der der Anteil *Dauer* stark ausgeprägt ist, ist es wichtig, dass Konfliktthemen strukturiert und stringent durchgesprochen werden, ohne sich zu verzetteln. Vorwürfe sollen durch konkrete Beispiele, Daten und Fakten begründet werden, damit sie akzeptiert werden können. Sie wünscht sich klare und konkrete Vereinbarungen, die dann auch zuverlässig eingehalten werden.

Eine Person, bei der der Anteil *Wechsel* stark ausgeprägt ist, möchte Freiraum. Sie braucht Zeit und Raum für das Ausleben von Gefühlen, ohne dafür kritisiert zu werden. Für sie sind Optionen, die offene, kreative und ungewöhnliche Lösungen ermöglichen besonders wichtig.

Wird das Modell betrachtet, so lassen sich auch Verbindungen zur eigenen Haltung bezüglich Lehren und Lernen erkennen, was sich auch während der Coronapandemie gezeigt hat. Lehrende wie Lernende haben auf die Veränderungen und Anforderungen dieser Zeit sehr unterschiedlich reagiert. Lehrende, denen Nähe oder Wechsel wichtig waren, fiel die digitale Lehre zum Teil eher schwer, auch aufgrund der technischen und wenig unmittelbaren Lehr- und Lernsituation. Lehrende, denen eher Dauer oder Distanz wichtig waren, sahen im Distanzlehren viele Vorteile und hatten beispielsweise mit dem Phänomen der schwarzen Kacheln keine Probleme.

Reflexion
Wie würden Sie sich den vier Anteilen jeweils zuordnen? Welche Stärken und Schwächen ergeben sich daraus beim Umgang mit Konflikten?

Modell der Antreiber

Das Modell der Antreiber aus der Transaktionsanalyse bietet sich zur Selbstreflexion auch für Lehrende an, da sie besonders bei Konflikten oder im Stress hervortreten (vgl. Risto 2013, Gührs u.a. 2014). Antreiber sind in der Kindheit erlernte Anpassungsmuster, die helfen sollen, sich aus stressigen Situationen zu befreien. Sie fungieren als Überzeugungen oder Glaubenssätze, die in der Kindheit durch Botschaften oder Erwartungen der Eltern bzw. Erzieher*innen gelernt wurden. Diese können das Denken und Verhalten bis ins Erwachsenenalter beeinflussen. Gerade in schwierigen Situationen oder bei Stress sind sie dann die Antreiber des Verhaltens. Die Antreiber beinhalten, wie bei dem Modell von Riemann u.a. (2019) auch, Stärken, können aber auch einschränken und dadurch die Konfliktlösung behindern. Die folgende Tabelle (Tab. 5) stellt die Antreiber vor und wie sich in ihren Stärken und Schwächen darstellen.

Tab. 6: Antreiber

Antreiber „Sei perfekt!“ (Perfektionist*in)	
Botschaft: Mach’ bloß keine Fehler! *Positiv*: Sinn für Vollkommenheit	*Antrieb*: Nur maximale Kontrolle verschafft Anerkennung, deshalb sind Fehler zu vermeiden.
Antreiber „Sei stark!“ (Starke*r Mann/Frau)	
Botschaft: Beiß´ die Zähne zusammen, zeigen keine Gefühle, bewahre Haltung. *Positiv*: kraftvoll	*Antrieb*: Sicherheit liegt nur in der Unabhängigkeit, deshalb müssen Abhängigkeiten und Verletzlichkeiten vermieden werden.
Antreiber „Streng Dich an!“ (Chronische*r Stressliebhaber*in)	
Botschaft: Mühe Dich bis zum Letzten ab. Nur Schweres ist wertvoll. *Positiv*: Durchhalte- und Beharrungsvermögen	*Antrieb*: Nur größte Anstrengungen können Erfolge sichern.
Antreiber „Mach es allen recht!“ (Netter Mensch)	
Botschaft: Sei immer liebenswürdig und gefällig. *Positiv*: sensibel und achtsam	*Antrieb*: Zuwendung bekommt man nur, wenn man es allen recht macht, deshalb darf man nie nein sagen.
Antreiber „Beeil Dich!“ (Hektiker*in)	
Botschaft: Schau immer vorwärts und sei immer auf Trab. *Positiv*: hohe Aktivitäts- und Leistungsbereitschaft	*Antrieb*: Schnell machen, damit man nichts Wichtiges verpasst.

Im Gegenzug zu diesen Antreibern spricht die Transaktionsanalyse von den sogenannten „Erlaubern“ (vgl. Gührs u.a. 2014: 33). Durch sie wird es möglich, aus Antreibern auszusteigen und einen angemesseneren Umgang mit Situationen, hier Konflikten, zu finden:

Sei stark: Dieser Antreiber bemüht sich bei Konflikten Haltung zu bewahren, sich konsequent zu verhalten, Konflikte selbst zu lösen und sich vor allem keine Blöße zu geben. Kontrolle und Überlegenheit sind wichtig und es herrscht die Angst davor, dass eigene Schwächen aufdeckt werden könnten. *Erlauber*: Man kann sich erlauben, Schwäche zu zeigen. Man achtet auf die Signale der eigenen Überforderung und sorgt für sich, indem man sich erlaubt, weniger zu machen und einfachere Wege zu gehen.

Sei perfekt: Nach diesem Antreiber darf es eigentlich keine Konflikte geben, da sie als Zeichen des eigenen Unperfektsein verstanden werden können. Dieser Antreiber erwartet Fehlerlosigkeit bei sich und bei anderen. Von daher wird alles bis ins kleinste Detail geplant. Kritik wird als Bloßstellung erlebt. *Erlauber*: Man kann sich erlauben, das Pareto-Prinzip zu nutzen, akzeptiert Fehler und sieht darin Lernchancen. Man überfordert andere weniger mit Fakten und macht nicht mehr alles 100%.

Streng Dich an: Auch dieser Antreiber führt dazu, dass Konflikte möglichst vermieden werden, aber aus anderen Gründen. Menschen versuchen hier Situationen weiter „durchzuziehen", bleiben stark oder erwarten, dass sich auch andere anstrengen und zusammenreißen, anstatt das Problem zu benennen und gemeinsam nach Alternativen und Lösungen zu suchen. *Erlauber*: Man erlaubt sich einfache und effektive Vorgehensweisen, reduziert Anstrengungen, sorgt für sich und würdigt die eigenen Erfolge.

Mach' es allen recht: Ist dieser Antreiber stark ausgeprägt, besteht eine gewisse Scheu vor Konflikten, da man geschätzt werden möchte. Die Gefahr ist hier, bei Konflikten mehr bei anderen als bei sich zu sein und damit die eigenen Grenzen zu ignorieren. Beim Versuch allen zu gefallen, verliert man sich und seine Bedürfnisse aus den Augen und scheitert, weil man es nicht immer allen recht machen kann. *Erlauber*: Man erlaubt sich mehr Nein zu sagen, das Selbstvertrauen wird gestärkt und man nimmt sich mehr selbst in den Blick.

Beeil Dich: Ist dieser Antreiber stark ausgeprägt, so wird bei der Konfliktbearbeitung und auch beim Durchlaufen des Konflikts ein gewisser Druck aufgebaut, weil er schnell gelöst werden soll. Dabei wird Gefahr gelaufen, andere Personen oder nötige Schritte zu übergehen. Dieser Antreiber führt zu einem schnellen agieren und dann wichtige Aspekte übersehen werden, da geglaubt wird, der Konflikt sei abgeschlossen. *Erlauber*: Man erlaubt sich mehr, die Dinge langsam anzugehen und das Tempo rauszunehmen. Hektisches Verhalten wird mehr reflektieren, man lernt sich zu entspannen und Tätigkeiten bewusst durchzuführen.

Da Menschen gerade in stressigen oder schwierigen Situationen häufig automatisch reagieren, geht es in der Reflexion darum, die eigenen Antreiber zu erkennen und einen angemessenen Umgang damit zu finden. In der Situation selbst gilt es, aus dem Antreiber auszusteigen, also nicht mehr „ad hoc", sondern „unspontan" zu reagieren. Dies kann gelingen, wenn Abstand und Zeit gewonnen, der Prozess verlangsamt und der Automatismus so unterbrochen wird. Da dies in der Situation selbst schwierig ist, sind hierfür Coaching und Supervision der passende Ort, da sie Gelegenheit geben, die eigenen Antreiber zu reflektieren, Alternativen zu entwickelt und einzuüben.

Reflexion
Wie schätzen Sie Ihre eigenen Antreiber ein? Welche „Erlauber" wären für den Umgang mit Konflikten wichtig?

4.2 Den eigenen Konfliktstil kennen

Im Kapitel Konfliktmanagement wurde die Konfliktvorbeugung als eine der besten Arten des Konfliktmanagements bezeichnet. Dinge früh beim Namen zu benennen, wird dann nicht als Unhöflichkeit verstanden, sondern als Möglichkeit gesehen, sich auszusprechen und Missverständnisse zu klären. Jinarek u.a. (2015: 326) benennen zur Vorbeugung Aspekte, die auch für die Gestaltung von Lehrveranstaltungen wichtig sind und bereits in anderen Kapiteln thematisiert wurden: Auf atmosphärische Störungen achten und diese ernst nehmen und zuhören. Das Gegenüber nicht fordern oder drängen sich zu äußern. Subjektive Wertungen als wichtige Informationsquelle zu sehen und nicht als Vorwurf. Befürchtungen und Wünsche ernst zu nehmen und Verständnis zu zeigen. Mut zur Metakommunikation zu haben, Reflexionsstopps einzulegen und sich in Geduld zu üben.

Damit dies gelingen kann, ist es auch wichtig das eigene Konfliktverhalten und den Konfliktstil zu kennen und zu überdenken. Im Kapitel 3.1.5 wurden die Konfliktbewältigungsstrategien Flucht, Kampf, Delegation, Kompromiss oder Konsens mit ihren Vor- und Nachteilen vorgestellt. Es ist wichtig zu wissen, wozu bei Konflikten eher geneigt wird und was es braucht, damit eine konstruktive Lösung möglich wird.

Folgende Aussagen beschreiben exemplarisch verschiedene Konfliktstile:

- Angepasst-nachgebend: *„Der Klügere gibt nach."*
- Win-Win-anstrebend: *„Ich habe die Erfahrung gemacht, dass es eine Beziehung bereichert, wenn Konflikte ausgetragen werden."*
- Durchsetzungsorientiert: *„Mir macht es Spaß, mich durchzusetzen."*
- Vermeidend: *„Auch wenn etwas stört, muss man nicht jeden Konflikt gleich ansprechen."*
- Kompromissorientiert: *„Wenn man einen Konflikt vernünftig bespricht, findet man in der Regel eine Lösung, mit der alle Seiten leben können."*

Reflexion:
Wie würden Sie Ihren Konfliktstil beschreiben? Inwiefern kann er sich je nach Anlass und Kontext unterscheiden?

Stress-Kommunikationsmuster

Satir (2009) beschreibt vier Kommunikationsmuster, die Menschen zeigen, wenn sie im Stress sind, was häufig in schwierigen Lehrsituationen der Fall ist. Es geht hier, im Unterschied zu den Konfliktstilen, um Kommunikationsmuster, die auch in alltäglichen Situationen vorkommen können. Sie beschreibt, dass Menschen in Situationen entweder beschwichtigend, anklagend, überrationalisierend oder abschweifend reagieren. Diese werden eingenommen, um sich zu schützen. Allerdings geraten sie mit anderen Stress-Kommunikationsmustern in sogenannte Schleifen, die eine Lösung blockieren. Dafür muss aus ihnen herausgetreten und das eigene Kommunikationsverhalten geändert werden.

Abb. 21: Stress-Kommunikationsmuster

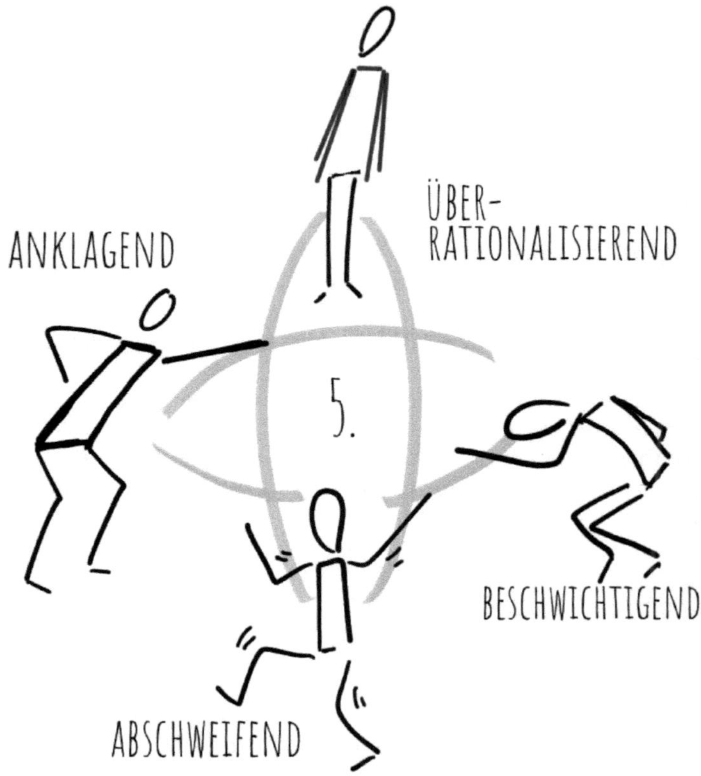

Schleife 1: Menschen reagieren im Stress entweder eher anklagend oder eher beschwichtigend. Im anklagenden Stressmuster wird zunächst die Verantwortung bei anderen gesucht, was sich auch in der Körperhaltung und Sprache - wie bei allen anderen auch - ausdrückt. Mit diesem Anklagen soll der eigene Stress bewältigt werden, er führt aber zu Gegenreaktionen. Beschwichtigendes Kommunikationsverhalten wird häufig als Reaktion auf klagendes Verhalten eingenommen. Wenn etwa der Ton fordernd, beschwerend und die Körperhaltung expressiv ist, wird mit diesem Verhalten versucht, den vermeintlichen Angriff

durch vorsichtige oder sogar unterwerfende Signale abzumildern. Dieses Muster übernimmt dann eher zu viel Verantwortung und will auf diese Weise der stressigen Situation entkommen. Daraus ergibt sich die erste Schleife: Je mehr angeklagt wird, desto mehr wird beschwichtigt und umgekehrt. Anklagen kann allerdings auch mit Gegenanklagen erwidert werden, was zu Eskalationen führt.

Schleife 2: Andere Kommunikationsmuster reagieren im Stress hingegen eher überrationalisierend oder eher abschweifend. Satir vergleicht das überrationalisierende Verhalten mit einem Computer, weil es distanziert, unbeteiligt und gefühllos wirkt, aber ebenfalls eine Umgangsform mit Stress ist. Als Reaktion darauf kommt es häufig zu abschweifenden Kommunikationsverhalten. Dieses wechselt zwischen den ersten drei Mustern, will auf diese Weise dem Stress entkommen und gleichzeitig dem überrationalisierenden Muster eine Reaktion entlocken. Dieses wiederrum reagiert auf das abschweifende Kommunikationsmuster eher noch kontrollierender, wodurch die nächste Schleife entsteht, in der sich die Muster in Schleife 1 und Schleife 2 wie in einem Tanz drehen und kein Ende nimmt.

Diese Kommunikationsmuster und Schleifen zu erkennen und zu beenden, ist nach Satir (2009) der zentrale Weg zu einer konstruktiven Kommunikation. Sie spricht hier von einer fünften, nun klaren und kongruenten Form der Kommunikation, die in der Abbildung durch die Ziffer 5 symbolisiert wird. Bei dieser ist es Ziel, sich darüber bewusst zu werden, in welchen Mustern bei Stress spontan mit Studierenden und Kolleg*innen kommuniziert wird oder auf welche Muster besonders angesprungen wird, wenn z.B. eine bessere Note in klagender oder beschwichtigender Form gefordert wird. Aus solchen Schleifen auszusteigen und das eigene beschwichtigende, anklagende, abschweifende oder überrationalisierende Verhalten abzulegen, ermöglicht dann eine konstruktive Kommunikation, in der Wahrnehmungen, Wirkungen und Wünsche offen angesprochen und ausgehandelt werden können.

Reflexionsfragen
*Welche Verhaltensweisen Studierender oder Kolleg*innen bringen Sie in Stress? Mit welchen Kommunikationsmustern reagieren Sie?*

4.3 Der „supervisorische Blick“ als Modell der Selbstreflexion

Schwierige Situationen zu beobachten und zu reflektieren ist ein zentraler Ansatz, um zu verstehen, was gerade passiert und was es zu deren Klärung bedarf. Dies kann sowohl beim Auftreten von schwierigen Situationen während der Durchführung von Lehrveranstaltungen wichtig sein als auch im Rahmen der Nachbereitung. Dabei hilft der sogenannte „supervisorische Blick“, mit dem Situationen aus verschiedenen Perspektiven betrachtet werden.

Wahrnehmungsperspektiven wechseln

Schwierige Lehrsituationen zu reflektieren bedeutet vor allem, diese aus verschiedenen Perspektiven zu betrachten. Denn je nachdem, ob eine Situation aus der eigenen Warte, aus der einer anderen Person oder von außen betrachtet wird, zeigen sich unterschiedliche Wahrnehmungen, Eindrücke und Erkenntnisse.

Dieses Phänomen ist auch beim Einsatz von Rollenspielen bekannt. Auch hier nehmen – dann didaktisch motiviert – Studierende unterschiedliche Wahrnehmungsperspektiven als Spieler*in, Mit-/Gegenspieler*in oder Beobachter*in ein. Diese drei Perspektiven bringen unterschiedliche Erfahrungen zu Nähe/Distanz sowie Beteiligt-/Unbeteiligt-Sein mit sich. Beim Lernen ist es wichtig, dass Studierende diese verschiedenen Perspektiven erleben und durchlaufen, um nicht nur aus der Distanz über etwas zu sprechen. Daneben ist das „Ausrollen“ nach einem intensiven Rollenspiel wichtig, um die Eindrücke daraus zu verarbeiten und in der Reflexion genügend Distanz zur Rollenerfahrung zu finden. Ähnlich ist es mit Konflikten in der Lehre. Auch hier zeigen sich diese Phänomene, nur eben im realen Konflikt. So werden schwierige Situationen zunächst „in der eigenen Haut“ erlebt. Um eine konstruktive Lösung zu finden, ist hier ein Perspektivwechsel, der die Sicht anderer Beteiligter sowie die Metaperspektive von außen miteinbezieht, hilfreich.

In vielen psychologischen Ansätzen wie dem Psychodrama, der systemischen Organisationsaufstellung o.a. werden im Rahmen der Selbstreflexion schwierige Situationen in verschiedenen

Formen und aus verschiedenen Perspektiven betrachtet. An dieser Stelle wird eine Möglichkeit vorgestellt.

Abb. 22: Reflexion aus verschiedenen Wahrnehmungsperspektiven

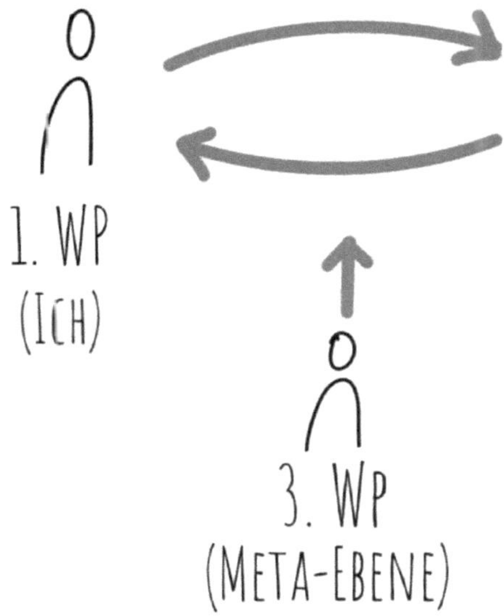

Ziel der Reflexion ist es, aus der „betroffenen" Wahrnehmungsperspektive herauszutreten (WP 1), sich in die Beteiligten hineinzuversetzen (WP 2) und die Situation vor allem von außen zu betrachten (WP 3). Dabei kann auch eine tatsächliche räumliche Distanz wichtig sein. Entsprechend werden in der Supervision z.B. mehrere Blätter im Raum verteilt, zu denen sich im Verlauf gestellt wird und dadurch besser beschrieben werden kann, was aus der jeweiligen Perspektive wahrzunehmen ist. So kommt es zu mehr Verständnis und Empathie für das eigene Verhalten und das anderer. Bei der Reflexion solcher Situationen sind Fragen zu Wahrnehmungen, Wirkungen und Wünschen wichtig. Am Ende wird die eigene Perspektive (WP 1) eingenommen, um zu entscheiden, was daraus folgt.

Diese Art der Reflexion kann auch während einer Lehrveranstaltung genutzt werden, indem der „supervisorische Blick“ eingenommen wird. Dazu wird eine Situation für kurze Zeit von außen betrachtet, indem gedanklich oder tatsächlich räumlich, Abstand und Zeit genommen wird: Lehrende machen dafür z.B. eine Denk- und Verschnaufpause oder erteilen einen Arbeitsauftrag und verschaffen sich so Zeit für eine kurze Reflexion. Manche laufen durch den Raum oder öffnen das Fenster, treten so aus der Situation heraus und nehmen die Meta-Perspektive ein.

Lehrende berichten auch, dass sie studentische Gruppen regelmäßig „scannen“ und durch den Raum laufen, um wahrzunehmen, „wie es läuft“, was es für den Lernprozess noch braucht (vgl. Kap. 2.3) oder ob Störungen im Raum sind. Sie berichten, dass dies in der synchronen Online-Lehre um einiges schwieriger sein kann, da die Studierenden, wenn überhaupt, nur im Ausschnitt zu sehen sind.

Beim Perspektivwechsel und der Suche nach Lösungen können Fragen aus dem systemischen Coaching (vgl. Radatz 2010) helfen: *Was macht das Problem zum Problem? Was würden andere Studierende, Kolleg*innen oder Außenstehende zu dieser Situation sagen? Wer hat das Problem? Was ist das Gute im Schlechten? Was passiert, wenn nichts passiert?*

Das ABC-Modell

Als weitere Möglichkeit der Selbstreflexion wird abschließend das ABC-Modell nach Stavemann (2018) vorgestellt. Es beschreibt, was in Menschen vorgeht und wie durch Wahrnehmung, Interpretation und Bewertungen Zustände in uns entstehen, die das Denken Fühlen und Handeln beeinflussen. Insofern ist dieses Modell zentral für das Thema schwierige Lehrsituationen, weil Lehrende damit vor allem beschreiben, was eine Situation für sie eigentlich schwierig macht.

Deshalb sollten bei der Reflexion schwieriger Lehrsituationen auch die eigenen inneren Prozesse betrachtet werden, weil dabei deutlich werden kann, was das Problem eigentlich zum Problem macht.

Staveman (2018) stellt ein Konzept aus der Kognitiven Verhaltenstherapie vor, das erklärt, wie die Betrachtung einer Situation die eigenen Gefühle und Verhaltensweisen beeinflusst. Anhand des ABC-Modells wird der Vorgang abgebildet, wie wir eine Situation (A) wahrnehmen, interpretieren und bewerten (B), und wie dies Gefühle und Verhalten (C) beeinflusst (Abb. 23). Dies geschieht normalerweise unbewusst in Sekundenbruchteilen und auch weniger linear als in der Darstellung. Der Ablauf nach A, B und C wurde jedoch gewählt, um den Prozess besser analysieren und Veränderungen vornehmen zu können. Staveman beschreibt diverse *Denkfallen*, wie Katastrophendenken, Versicherungsdenken, Muss-Gedanken, Schwarz-Weiß-Malerei, Generalisieren bis hin zu krankmachenden Denkmustern, die es zu unterbrechen gilt, durch nützlichere zu ersetzen, um so Verhalten ändern zu können. Das Motto hierzu lautet: *„Kontrolliere Deine Gedanken und Einstellungen, sonst kontrollieren sie Dich!"*

Abb. 23: ABC-Modell

Für die Reflexion bedeutet dies, eine Situation zu analysieren und die damit verbundenen Gedanken, Gefühle und Verhaltensweisen zu beschreiben. Dabei werden Wahrnehmungen von Interpretationen und Bewertungen getrennt und lassen so neue Perspektiven und Denkmuster zu.

Diese Überlegungen beziehen sich auch auf vorsätzliche und provokative Verhaltensweisen und Angriffe, wie sie in den Kapiteln 3.3 – 3.5 thematisiert wurden. Wenn sich Lehrende provozieren lassen und selbst betroffen sind, führt dies zu Stress oder den erwähnten Konfliktbewältigungsstrategien (vgl. Kap. 3.1.4).

Ein Lehrender brachte dies einmal so auf den Punkt: *„Wer mich beleidigt, entscheide ich immer noch selbst."*

Je nachdem, welche Bedeutung Lehrende also einer Situation geben, werden sie diese unterschiedlich einschätzen und handhaben. Dies zeigt sich oft im kollegialen Austausch: Was für den einen Lehrenden schwierig ist, weil er das Verhalten Studierender als respektlos erlebt und verärgert ist, lässt andere eher „kalt". Die Suche nach einer anderen Bedeutung, die einen konstruktiven Blick auf schwierige Lehrsituationen ermöglicht, ist zugleich ein Reframing (vgl. 3.4.).

Die zentrale Empfehlung für den Umgang mit schwierigen Lehrsituationen ist, Wahrnehmungen von Interpretationen zu trennen und eher eine forschende Haltung einzunehmen. Dann werden Hypothesen formuliert und mit Beobachtungen, Feedback oder durch Gespräche abgeglichen und geprüft. Das Motto hierfür könnte lauten: *„Weniger ärgern, mehr wundern."*

Die eigene Klarheit ist dabei eine zentrale Voraussetzung. Wenn Lehrende allerdings stark von Konflikten betroffen sind und die Trennung von Wahrnehmung und Interpretation zunächst noch nicht möglich ist, ist Selbstfürsorge wichtig.

Reflexion
Stellen Sie sich eine schwierige Lehrsituation vor und beschreiben Sie sie im ABC. Wodurch würde sich ihr Erleben und Verhalten ändern? Stellen Sie sich vor, ein Student raucht während Ihrer Onlinevorlesung. Was löst das in Ihnen aus?

4.4 Selbstfürsorge

Manchmal kommt es zu Konflikten, die Lehrende besonders beschäftigen und treffen. Diese wurden vielleicht als sehr belastend erlebt oder sind mit eigener Betroffenheit verbunden, sodass eine angemessene Konfliktlösung kaum möglich ist. Solche Erfahrungen spielen sich häufig immer wieder vor dem inneren Auge ab, man befindet sich weiter in einem inneren Zwiegespräch mit den Konfliktbeteiligten, obwohl der Konflikt lange zurück liegt. Eine neutrale Betrachtung aus der Distanz ist dabei kaum möglich. Dann braucht es zunächst die eigene Selbstfürsorge, die der Entlastung und Psychohygiene dient und vor der Konfliktklärung steht.

Selbstfürsorge durch gewaltfreie Kommunikation

Die Gewaltfreie Kommunikation nach Rosenberg (2004) ist ein Ansatz, der sich ebenfalls mit gelingender Kommunikation und dem Lösen von Konflikten beschäftigt. Sie lädt ein, Situationen unter den vier Aspekten Beobachtung, Gefühle, Bedürfnisse und Bitten zu betrachten. Dabei unterscheidet sie zwischen Selbstempathie und empathischem Zuhören. Die Selbstempathie richtet sich nach innen, während das empathische Zuhören als Kommunikationsweg dient, Situation anzusprechen, Störungen zu thematisieren und Veränderungen nicht durch widerstandsanfällige Forderungen, sondern durch Bitten, anzuregen.

Tab. 7: Gewaltfreie Kommunikation

Selbstempathie Sich bewusstwerden, was gerade ist und sich selbst aufrichtig ausdrücken.	**Empathisches Zuhören** Erfassen, was andere gerade bewegt und was sie brauchen.
1. Beobachtung *Wenn ich sehe, höre ...*	1. Beobachtung *Wenn Du hörst, siehst ...*
2. Gefühl *... fühle ich/bin ich...*	2. Gefühl *... fühlst Du/bist Du ...*
3. Bedürfnisse *... weil ich ... brauche.* *... weil mir... wichtig ist.*	3. Bedürfnisse *... weil Du ... brauchst?* *weil Du gerne ...gehabt hättest?*
4. Bitte *Ich hätte gerne ...* *Ich brauche ...*	4. Bitte *Und Du hättest gerne ...?* *Du möchtest, dass ich ...?*

Gerade bei starker Betroffenheit und Belastung kann Selbstempathie helfen, um wieder Klarheit in den eigenen Gefühlen und Bedürfnissen zu erlangen und zu erkennen, was Lehrende in der Situation brauchen bzw. was es in einem Konflikt gebraucht hätte.

Grenzen setzen

Die eigenen Gefühle und Bedürfnisse zu kennen, kann als eine weitere Form der Konfliktprävention verstanden werden, weil damit auch Grenzen deutlich werden. Wenn Grenzen von anderen unbewusst oder bewusst überschritten werden und sich dies auf Persönliches oder Inhaltliches bezieht, dann ist es wichtig, sich der eigenen Grenzen bewusst zu sein und diese zu vermitteln. Wie beim Erwartungsmanagement (vgl. Kap. 2.2.2) zu Beginn einer Veranstaltung, wird nun in einer kritischen Situation thematisiert, dass eine Grenze überschritten wurde und was dies bedeutet: *„Ich möchte über dieses Thema nicht diskutieren." „Ich werde dieses Gespräch beenden, wenn Sie weiter so mit mir sprechen." „Wenn Sie damit nicht aufhören, werde ich das Gespräch beenden." „Ich respektiere Ihr Vorgehen, aber meines ist es nicht." „Dieser Humor ist nicht meiner."*

Noyon u.a. (2013) gehen auf schwierige Gesprächssituationen und Grenzüberschreibungen in der Beratung ein und geben Hinweise für den Umgang damit. Weidner (2011) zeigt, wie man das eigene Aggressionspotential auf konstruktive Weise zur Selbstbehauptung einsetzen kann. Aspekte daraus wurden im Kapitel 3.4. vorgestellt. Papst-Weinschenk (2016) stellt vor, wie man durch die entsprechende Atmung, Stimme und Körpersprache nicht nur besser lehrt, sondern auch standhafter wird und damit auch klarer kommuniziert. Nicht selten entstehen schwierige Situationen, weil Lehrende in der Sach- und Beziehungsebene (vgl. Kap. 1.4) unterschiedliche Signale senden. Sie werden dann nicht ernst genommen, weil das Ansprechen der Grenze oder einer Konsequenz vielleicht mit einer eher leisen unsicher wirkenden Stimme vorgetragen wird oder die Formulierung der Grenze mehr im Konjunktiv ausgedrückt und von Studierenden als Option verstanden wird.

Gerade Lehrende, die sehr zugewandt, engagiert und studierendenorientiert sind, können an Universitäten und Hochschulen Gefahr laufen, sich zu verausgaben und eigene Grenzen zu überschreiten. Das führt im Extremfall zu chronischer Erschöpfung oder Erkrankungen. Wenn Lehrende beispielweise zu den wenigen Zugewandten eines Fachbereichs gehören oder besonders intensiv betreuen, werden sich Studierende besonders an sie wenden. Hier geht es dann auch um die Verantwortung von anderen Kolleg*innen und mögliche Veränderungen im Globe. Dazu ist eine Auseinandersetzung im Fachbereich oder im Institut nötig, die die Betreuungsanzahl unter Kolleg*innen regelt.

Reflexion
*Was kann Sie in Ihrer eigenen Selbstfürsorge unterstützen? Was sind Ihre Grenzen und wie können Sie diese klar gegenüber Studierenden und Kolleg*innen vertreten?*

Kollegiale Beratung als Form der Selbstfürsorge

Eine weitere Form der Selbstfürsorge und zugleich eine Möglichkeit der Reflexion schwieriger Lehrsituationen ist die kollegiale Beratung. Titze (2012) formuliert folgende Merkmale: Kollegiale Beratung hat das Ziel, Lösungen für Praxisprobleme zu entwickeln, findet in Gruppen statt und ein*e professionelle*r Berater*in ist nicht anwesend. Die Beratung folgt einem festen Verlauf, Beratungsrollen und Aufgaben werden verteilt und alle Teilnehmenden sind aktiv an der Beratung beteiligt.

Kollegiale Beratung baut also vor allem auf Kollegialität auf. Dies bezieht sich sowohl auf die Zusammensetzung, auf die Beteiligung zur Lösungssuche als auch auf den Umgang miteinander. Dies gelingt, wenn Vertraulichkeit, Vertrauen, Unterstützung und Wertschätzung gegeben sind. Kollegiale Beratungen, die verordnet werden, gelingen hingegen selten oder lösen sich auf, wenn die Voraussetzungen nicht stimmen. Hat sich hingegen eine Gruppe interessierte Kolleg*innen gefunden, die diese Voraussetzungen mitbringen, dann sind kollegiale Beratungen äußerst fruchtbar und bereichernd, weil aus jedem Fall etwas gelernt werden kann. Bei der Durchführung hat sich bewährt, den Fall auch aus der Perspektive von Studierenden zu betrachten. Darum nimmt ein Gruppenmitglied während der Fallbesprechung deren Perspektive ein.

Reflexion
*Mit welchen Kolleg*innen oder anderen Personen können Sie sich kollegial austauschen?*

4.5 Zusammenfassung

Zum Abschluss dieses Kapitels werden die zentralen Fragestellungen und Modelle, die bei der Selbstreflexion und Selbstfürsorge im Zusammenhang schwieriger Lehrsituationen wichtig sein können und zur Selbstreflexion einladen, nochmals aufgeführt.

Sich selbst kennen:

- Wie wirken sich Persönlichkeitsanteile auf den Umgang mit Konflikten aus? (Grundformen der Angst)
- Wie beeinflussen eigene Antreiber den Umgang mit Konflikten? (Antreiber-Modell)

Den eigenen Konfliktstil kennen:

- Welche Konfliktbewältigungsstrategien nutze ich? (Konfliktmanagement)
- Mit welchen Stress-Kommunikationsmustern reagiere ich in schwierigen Situationen? (Satir-Modell)

Den „supervisorischen Blick" einnehmen

- Wie kann ich bei der Reflexion verschiedene Perspektiven einnehmen? (Wahrnehmungsperspektiven)
- Wie kann ich Wahrnehmungen von Interpretationen trennen und so mein Denken und meine Emotionen in schwierigen Lehrsituationen klären und zu einer neutralen bzw. lösungsorientierten Haltung kommen? (ABC-Modell)

Selbstfürsorge

- Wie kann ich erkennen, was ich in schwierigen Situationen brauche und wie ich Grenzen setzen kann? (Gewaltfreie Kommunikation)
- Wie kann ich mich mit anderen strukturiert austauschen? (Kollegiale Beratung)

5 Gesamtzusammenfassung und Fazit

Zum Schluss werden die wichtigsten Aspekte der didaktischen Prävention und des Umgangs mit schwierigen Lehrsituationen anhand der einführenden Abbildung (Abb. 1) für die Planung, Durchführung und Reflexion von Lehrveranstaltungen zusammenfassend dargestellt (Abb. 24). Abschließend finden Sie die wichtigsten Konzepte und Modelle des Buches als Überblick zum Nachschlagen in einer Tabelle aufgeführt (Tab. 8).

Abb. 24: Gesamtzusammenfassung

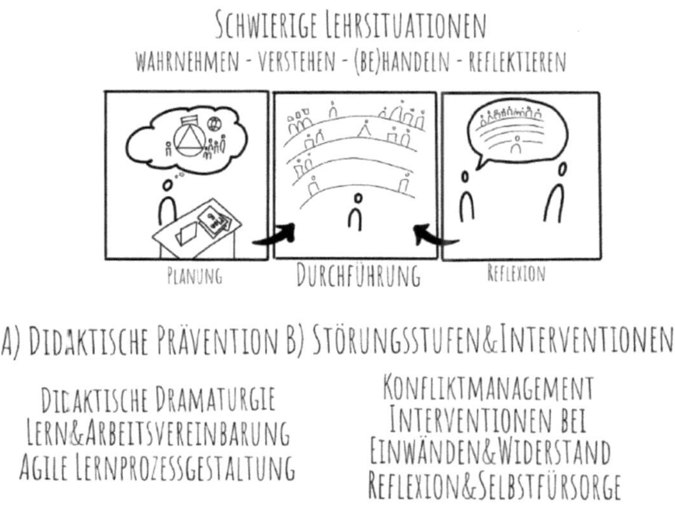

Nach der Einführung in die Begriffe Störungen, Konflikte und Widerstand, die im Zusammenhang schwieriger Lehrsituationen stehen, wurden Konzepte und Anregungen für die beiden

Bereiche *didaktische Prävention* und *Störungsstufen und Interventionen* dargestellt. Diese beziehen sich sowohl auf die Planung als auch auf die Durchführung und Nachbereitung bzw. Reflexion von Lehrveranstaltungen.

Am 4-Faktoren-Modell aus der Themenzentrierten Interaktion wurden typische Herausforderungen und Schwierigkeiten anhand der Faktoren Globe, Thema, Gruppe und Ich vorgestellt. Da einige Schwierigkeiten als Teil des Lehrens und Lernens an sich zu verstehen sind, mit denen viele Lehrende konfrontiert sind, sollten Sie sich bereits bei der Planung mit möglichen Herausforderungen beschäftigen und einen Plan B dafür entwickeln.

Neben der sinnvollen didaktischen Dramaturgie ist eine Lern- und Arbeitsvereinbarung bzw. ein digitaler Knigge als Orientierung für die Studierenden hilfreich. Er macht die wichtigsten inhaltlichen und methodisch-didaktischen Aspekt der Veranstaltung transparent und ermöglicht einen Abgleich von Erwartungen und zeigt so den Erwartungshorizont auf, bei dem auch mögliche Konsequenzen bei Problemen thematisiert werden können. Das „hochschuldidaktische Mischpult" zeigt Möglichkeiten auf, wie Sie Lernprozesse agil gestalten und durch schwierige Lehr- und Lernprozesse navigieren können.

Kommt es zu massiven Störungen oder Konflikten sind Erkenntnisse aus dem Konfliktmanagements wichtig, um zu konstruktiven Lösungen zu gelangen. Da schwierige Lehrsituationen zumeist in Gruppen stattfinden und die Lernziele der Lehrveranstaltung im Vordergrund stehen, sollte bei der Auswahl der Konfliktlösungsstrategien und Interventionen auf mögliche Dynamiken oder Effekte auf die Faktoren Thema, Gruppe, Globe und Ich geachtet werden. Das Modell der Störungsstufen und Interventionen wurde speziell für die Hochschullehre entwickelt und verbindet direkte und indirekte didaktische Maßnahmen mit solchen aus dem Konfliktmanagement. Bei Konflikten und Widerstand können darüber hinaus die vorgestellten Modelle und Interventionen für den Umgang mit Widerstand oder Einwänden zum Einsatz kommen. Lehrende sollten ihre Mittel kennen und entscheiden, welche sie einsetzen können bzw. wollen und sich auch mit den möglichen Effekten und Konsequenzen einer Intervention auseinandersetzen.

Beim Umgang mit schwierigen Lehrsituationen ist der Perspektivwechsel besonders wichtig, um Situationen mit Abstand und aus der Perspektive anderer zu betrachten. Reflexionen kommen bei der Nachbereitung von Lehrveranstaltungen zum Einsatz, um schwierige Situationen zu analysieren, aber auch um die eigene Lehr- und Konfliktkompetenz weiterzuentwickeln. Kollegiale Beratung und kollegiale Austausch sind besonders wertvoll, weil Lehrende dort kollegiale Unterstützung erfahren. Sollten Sie von Konflikten besonders getroffen oder immer wieder mit den gleichen Konflikten konfrontiert sein, so ist es empfehlenswert, sich mit den Anteilen auseinanderzusetzen, die das Verhalten beeinflussen oder sogar Konflikte antreiben. Reflexion, kollegialer Austausch und Selbstfürsorge sind für viel Kolleg*innen im Zusammenhang schwieriger Lehrsituationen besonders wichtig und hilfreich, weil sie der eigenen Psychohygiene sowie als Klärungshilfe dienen.

Gewappnet? Das Wichtigste zum Schluss

Dieses Buch möchte Sie als Lehrende darin unterstützen schwierige Lehrsituationen und Konflikte eher zu erkennen, sie besser zu verstehen und in ihnen konstruktiv sowie professionell(er) handeln zu können. Hierfür empfiehlt es sich, in schwierigen Situationen eher „unspontan" zu reagieren, Wahrnehmungen von Interpretationen zu trennen und immer wieder mal den „supervisorischen Blick" einzunehmen. Darüber hinaus ist wichtig:

- Bereiten Sie sich gut vor.
- Stellen Sie sich auf Störungen ein.
- Beginnen Sie kooperativ.
- Seien Sie anständig, provozierbar und klar.
- Tauschen Sie sich mit anderen aus.
- Holen Sie sich bei Bedarf Hilfe.

Diese Maßnahmen verhindern zwar keine Störungen und Konflikte, helfen aber für solche Situationen „gewappneter" zu sein. Letztendlich laden uns schwierige Lehrsituationen dazu ein, diese zu überdenken, zu reflektieren und daraus Lern- und Erkenntnisprozesse für Sie als Lehrende wie für Ihre Studierenden zu gewinnen. Frei nach dem Motto von Virginia Woolf: *„Wenn Dir das Leben eine Zitrone gibt, dann mach' Limonade daraus!"*

Zentrale Konzepte des Buches im Überblick

In der folgenden Tabelle sind die zentralen Konzepte und Modelle des Buches mit Verweis auf die Kapitel aufgeführt (Tab. 8).

Tab. 8: Zentrale Konzepte im Überblick

verstehen	*handeln*	*reflektieren*
Didaktische Prävention		
TZI: Globe, Thema, Gruppe, Ich, Lehrveranstaltungsformate, Fehlvorstellungen, Generationen- und Diversitätskompetenz (2) 3 Pädagog*innen (1.2.3) Generation x,y,z (2.1.3) Gründe für Nichtbeteiligung (3.6) Lehr/Lernpräferenzen (2.1.4, 2.3.2) Hsd. Mischpult (2.3.1) Lehren als Kommunikationsprozess (1.4)	Didaktische Dramaturgie (2.1) Lern- und Arbeitsvereinbarung (2.2) Digitaler Knigge (2.2.3) Plan B, Konsequenzen (2.2.4) Erwartungsmanagement (2.2.2) Agile Gestaltung und Steuerung von (schwierigen) Lehr/Lernprozessen (2.3)	Konflikte vorbeugen (2, 3.1.4) Sich selbst kennen (4.1) Lehrhaltung und Rollen klären, Lehrkompetenzen entwickeln (2.1.4) Vier Seiten einer Nachricht (1.4)
Umgang mit Störungen, Konflikten und Widerstand		
Gründe für Widerstand, Situative Haltungen, Wachstumsbremsen (1) Der Elefant im Raum (2.1.2) Konfliktarten (1.2.2, 3.1.1, 3.1.2) Konflikte lösen als Kommunikationsprozess (1.4) Kommunikationsstressmuster (4.2)	Störungsstufen und Interventionen (3.2) Interventionen bei Widerstand (3.3) Umgang mit Einwänden und Killerphrasen (3.4) Umgang mit extremen Situationen (3.5) Konfliktgespräch, Konfliktmoderation (3.1.5)	Den eigenen Konfliktstil kennen, Antreiber (4.1, 4.2) Der supervisorische Blick, Wahrnehmung Interpretation trennen, Abstand (4.3) Selbstfürsorge, Gewaltfreie Kommunikation, Grenzen setzen, Kollegiale Beratung (4.4)

6 Literatur

Arn, C. (2020): Agile Hochschuldidaktik. 3. Auflage. Weinheim: Beltz.

Arnold, R. (2001): Die Polarität von Kognition und Emotion in der Erwachsenenbildung. Lernwiderstand als Indikator emotionalen Lernens. In: DIE II/2001, S. 26-28.

Astleitner, H.; Hascher, T. (2008): Emotionales Instruktionsdesign und e-Learning. In: J. Zumbach; H. Mandl (Hrsg.): Fallbuch Pädagogische Psychologie: Lehr- und Lernpsychologie, Göttingen: Hogrefe, S. 265-274.

Belwe, A.; Schulz, T. (2014): Smartphone geht vor: Wie Schule und Hochschule mit dem Aufmerksamkeitskiller umgehen können. Bern: hep.

Berne, E.; Wagemuth, W. (2002): Spiele der Erwachsenen. Psychologie der menschlichen Beziehungen. 12. Auflage. Hamburg: Rowohlt Taschenbuch Verlag.

Bosetti, S. (2021): Ich habe nichts gegen Frauen, du Schlampe! Mit Liebe gegen Hasskommentare. 3. Auflage. Hamburg: Rowohlt.

Bolder, Axel (2006): Warum Lisa M. und Otto N. nicht weitergebildet werden wollen. In: Faulstich, P.; Beyer, M. (Hrsg.): Lernwiderstände. Anlässe für Vermittlung und Beratung, Hamburg: VSA-Verlag, S. 26-38.

Bolder, Axel; Dobischat, R. (2009): Eigen-Sinn und Widerstand. Kritische Beiträge zum Kompetenzentwicklungsdiskurs. Berlin: Springer.

Bollmann, M.; Köster, M.; Kostrzewa, M.; Ramisch, F.; Thielsch, A. (2020): WIR_tuell – Wie man im digitalen Studium zusammenwächst. https://hochschulforumdigitalisierung.de/de/semester-hack-wirtuell-wie-man-im-digitalen-raum-zusammenw%C3%A4chst (zuletzt geprüft am 7.1.2022).

Böss-Ostendorf, A.; Senft, H. (2018): Einführung in die Hochschullehre. Der Didaktikcoach. 3. Auflage. Opladen: Verlag Barbara Budrich.

Borinski, U.; Gorbach, R. P. (Hrsg.): Lesbar. Typografie in der der Wissensvermittlung. Zürich: Triest Verlag.

Breitenbach, A. (2021): Digitale Lehre in Zeiten von Covid-19: Risiken und Chancen. Marburg 18 Seiten. https://www.pedocs.de/frontdoor.php?source_opus=21274 (zuletzt geprüft am 7.1.2022).

Brendel, S.; Hanke, U.; Macke, G. (2019): Kompetenzorientiert Lehren in der Hochschule. Stuttgart: utb.

Bretländer, B.; Köttig, M.; Kunz, T. (2015): Vielfalt und Differenz in der Sozialen Arbeit. Stuttgart: Kohlhammer.

Brinker, T.; Schumacher, E.-M. (2014): Befähigen statt belehren. Neue Lehr- und Lernkultur an Hochschulen. Bern: hep.

Centeno Garcia, A. (2019): Das Seminar als Denkschule. Eine diskursbasierte Didaktik für die Hochschule. Stuttgart: utb.

Cohn, R. (2018): Von der Psychoanalyse zur themenzentrierten Interaktion. Von der Behandlung Einzelner zu einer Pädagogik für alle. 15. Auflage. Stuttgart: Klett.

Dehner, H.; Labitzke, F. (2007): Praxishandbuch für Verhaltenstrainer. Das wichtigste Know-how für Akquisition, Konzeption und Intervention. Bonn: managerSeminare.

Dilk, Anja (2013): Dranbleiben! Selbstlernen. In: Zeitschrift managerSeminare, Heft 187, Ausgabe 10/2013, S. 54-59.

Dilts, R.; Kierdorf, T.; Höhr, H. (2000): Kommunikation in Gruppen und Teams: Lehren und Lernen effektiver Präsentationstechniken. Neuauflage. Paderborn: Junfermann.

Engelhardt, M.; Engelhardt, N. (2017): Wie tickst du? Wie ticke ich? Von Babyboomer bis Z. Generationen verstehen in Bildung und Beruf. Babyboomer, Generation X-Z. Bern: hep.

Faulstich, P.; Beyer, M. (2006): Lernwiderstände. Anlässe für Vermittlung und Beratung. Hamburg: VSA-Verlag.

Faulstich, P.; Forneck, H. J.; Knoll, J., u.a. (Hrsg.) (2005): Lernwiderstand-Lernumgebungen- Lernberatung. Gütersloh: Bertelsmann.

Faulstich, P.; Grell, P. (2004): Lernwiderstände beim „selbstbestimmten Lernen“. In: Bender, W.; Groß, M.; Heglmeier, H. (Hrsg.): Lernen und Handeln. Eine Grundfrage der Erwachsenenbildung. Schwalbach: Wochenschau-Verlag, S. 107-123.

Franck, N. (2000): Schlüsselqualifikationen vermitteln. Ein hochschuldidaktischer Leitfaden. Marburg: tectum Verlag.

GAB München (Hrsg.) (2021): Gesprächsführung in der Lernprozessbegleitung. Lerngespräche kompetenzorientiert führen. Bielefeld: wbv.

Glasl, F. (2020): Konfliktmanagement. Ein Handbuch für Führungskräfte, Beraterinnen und Berater. 12. Auflage. Bern: P. Haupt.

Göring, A.; Hofsommer, L.; Lumme, M., Thielsch, A. (2019): Energizer in der Hochschullehre – Lernförderung durch affektive Aktivierung. In Berendt, B.; Tremp, P.; Voss, H.-P.; Wildt, J. (Hrsg.): Neues Handbuch Hochschullehre, 89, C 2.28, S.1-21. Berlin: DUZ.

Graf, N.; Wiederkehr, R. (2020): Zu schlau für das Publikum. Eine Anleitung zu verständlichen Präsentationen im technischen Umfeld. Bern: HEP.

Grell, P. (2006): Forschende Lernwerkstatt. Eine qualitative Untersuchung zu Lernwiderständen in der Weiterbildung. Münster: Waxmann.

Grochowiak, K.; Dyckhoff, K. (2001): Der Neugier-Erfolgs-Loop: Erfolgreiche Selbstmotivation. Eine NLP Lern- und Motivationsstrategie. 2. Auflage. Paderborn: Junfermann.

Gührs, M.; Nowak, C. (2014): Das konstruktive Gespräch: Ein Leitfaden für Beratung, Unterricht und Mitarbeiterführung mit Konzepten der Transaktionsanalyse. 7. Auflage. Meezen: Limmer.

Hagemann, H.; Rottmann, C. (2005): Selbst-Supervision für Lehrende: Konzept und Praxisleitfaden zur Selbstorganisation beruflicher Reflexion. 3. Auflage. Weinheim: Juventa.

Hanke, U.; Bach, N. (2021): Clevere Methoden für interaktive virtuelle Präsenzkurse. 2. erweiterte Auflage. Bad Krozingen: epubli Verlag

Hanke, U.; Winandy, S. (Hrsg.) (2014): Lehrveranstaltungen lernförderlich gestalten. Tübinger Beiträge zur Hochschuldidaktik (10/2). https://publikationen.uni-tuebingen.de/xmlui/bitstream/handle/10900/53782/TBHD 10_2 2014 Hanke.pdf?sequence=1&isAllowed=y (zuletzt geprüft am 7.1.2022).

Hartung, S. (2017): Lernförderliches Feedback in der Online-Lehre gestalten. In: Griesehop, H. R.; Bauer, E. (Hrsg.): Lehren und Lernen online. Berlin: Springer, S. 199-217.

Hattie, J.; Zierer, C. (2017): Lernen sichtbar machen für Lehrpersonen. Überarbeitet deutschsprachige Ausgabe. 3. Auflage. Hohengehren: Schneider.

Hauser, A; Waldhoff, L. (2017): Heterogenitätsdidaktisches Referenzmodell. Didaktische Modelle und Materialien zur Reflexion, Analyse und Entwicklung der eigenen Lehrpraxis. Arbeitshilfe Nr. 1. Potsdam: Netzwerk Studienqualität Brandenburg. Online verfügbar unter www.sqb-hetkom.de (zuletzt geprüft am 7.1.2022).

Hecht, P ; Seetahler, E.; Michal, A. (2020): Klassenführung und Feedback: praxisbezogen und theoretisch verankert. In: die Hochschullehre. Interdisziplinäre Zeitschrift für Studium und Lehre. Jahrgang 6/2020, S. 2-15. http://www.hochschullehre.org/?p=1594 (zuletzt geprüft am 7.1.2022).

Heidemann, D. (2021): Alles eine Frage der Bandbreite. Zum Lehren und Lernen auf Distanz. In: Lehre. Lernen. Digital! Zeitschrift für das Lehren und Lernen mit digitalen Medien. Frankfurt, M.: Verlag für Polizeiwissenschaft, S. 36-40.

Hermann, D.; Hünecke, K.; Rohrberg, A. (2006): Konstruktives Konfliktmanagement in virtuellen Teams. In: Ebd.: Führung auf Distanz: Mit virtuellen Teams zum Erfolg. Berlin: Springer, S. 159-181.

Heusinger, M. (2020): Lernprozesse digital unterstützen. Ein Methodenbuch für den Unterricht. Weinheim: Beltz.

Hochschulforum Digitalisierung (2021): Kameranutzung in der Online-Lehre: Aktionsmöglichkeiten für Lehrende. https://hochschulforumdigitalisierung.de/de/blog/kamera-an-aus-webcam-online-lehre (zuletzt geprüft am 7.1.2021).

Höfner, N. (2019): Glauben Sie ja nicht, wer Sie sind! Grundlagen und Fallbeispiele des Provokativen Stils. Heidelberg: Carl Auer.

Köppel, P. (2010): Virtuelle Teams: Die Rolle der Führung. In: Barmeyer, C. I.; Bolten, J. (Hrsg.): Interkulturelle Personal- und Organisationsentwicklung. Sternenfels: Verlag Wissenschaft & Praxis, S. 145-165

Jinnarek, H.; Erdmüller, A. (2015): Konfliktmanagement – Konflikte vorbeugen, sie erkennen und lösen. Berlin: Haufe.

Kiehne, B. (2015): Die Biografie lehrt mit! Eine qualitative Untersuchung zum Zusammenhang von Lernbiografie und Lehrüberzeugung bei Nachwuchslehrenden. Münster: Waxmann.

Kirschner, P. (2016): Stop propagating the learning styles myth. https://www.researchgate.net/profile/Paul-Kirschner/publication/311760890_Stop_propagating_the_learning_styles_myth/links/588afb57458515221280c5c5/Stop-propagating-the-learning-styles-myth.pdf (zuletzt geprüft am 7.1.2022).

Klinkhammer, M. (2007): Perspektivwechsel durch (Selbst)Reflexion. Supervision und Coaching im Kontext der Hochschule. In: Behrend, B.; Voss, H.-P.; Wildt, J.: Neues Handbuch Hochschullehre. Berlin: Raabe, L 3.4, S. 1-30.

Knatz, S.; Schumacher, S. (2019): Mediale Medienkompetenz. Umgang mit schwierigen Gesprächssituationen am Telefon und im Chat. Berlin: Springer.

Lahninger, P. (2005): Widerstand als Motivation. Herausforderungen konstruktiv nutzen in Moderation, Training, Teamentwicklung, Coaching und Beratung. 2. Auflage. Münster: Ökotopia Verlag.

Lehner: M. (2020): Viel Stoff – wenig Zeit. Wege aus der Vollständigkeitsfalle. 5. Auflage. Bern: Haupt-Verlag.

Lehner, M. (2018): Erklären und Verstehen. Eine kleine Didaktik der Vermittlung. Stuttgart: utb.

Lenske, G.; Mayr, J. (2015): Eigene Wege entdecken. Das Linzer Konzept der Klassenführung. Friedrich Jahresheft 2015, 60-63.

Laufer, H. (2010): Grundlagen der Mitarbeiterführung. 8. Auflage. Offenbach: GABAL-Verlag.

Lohmann, G. (2011): Mit Schülern klarkommen. Professioneller Umgang mit Unterrichtsstörungen und Disziplinkonflikten. 14. Auflage. Berlin: Cornelsen.

Lotze, M.; Wehking, K. (Hrsg.) (2021): Diversität, Partizipation und Benachteiligung im Hochschulsystem. Chancen und Barrieren für traditionelle und nicht-traditionelle Studierende. Opladen: Verlag Barbara Budrich.

Maas, R. (2021): Cyberpsychologie in der Arbeitswelt: Was Führungskräfte über die Auswirkungen des Internetkonsums wissen müssen. München: Carl Hanser Verlag.

Marfels, C.; Mörth, M. (2020): Wie Beratungskompetenz das Lehren und Lernen einfacher macht. Lehre als kommunikatives Ereignis. Berlin: Universitätsverlag der TU Berlin.

Meier, R. (2012): Das Einzige, was stört, sind die Teilnehmer. Schwierige Seminarsituationen meistern. Offenbach: Gabal.

Metz, B.; Pfeiffer, J. (2004): Schreiben und Kommunizieren im Internet. Theorie und Praxis teilvirtueller Hochschullehre. Herbolzheim: Centaurus.

Miller, R. (2011): Als Lehrer souverän sein. Von der Hilflosigkeit zur Autonomie. 2. Auflage. Weinheim: Beltz.

Noyon, A.; Heidenreich, T. (2013): Schwierige Situationen in Therapie und Beratung: 30 Probleme und Lösungsvorschläge. Weinheim: Beltz.

Pace, D. (2017): The Decoding the Disciplines Paradigm: Seven Steps to Increased Student Learning. Bloomington: Indiana University Press.

Pabst-Weinschenk. M. (2016): Stimmlich stimmiger Unterricht. Professionelle Kommunikation und Rhetorik. Göttingen: Vandenhoeck & Ruprecht.

Plate, M. (2021): Grundlagen der Kommunikation. Gespräche effektiv gestalten. 3. bearb. Auflage. Stuttgart: utb.

Prior, M.; Winkler, H. (2019): MiniMax für Lehrer. 16 Kommunikationsstrategien mit maximaler Wirkung. 6. Auflage. Weinheim: Beltz.

Radatz, S. (2010): Einführung in das systemische Coaching. Heidelberg: Carl Auer.

Resch, K.; Raschauer, A. (2019): Kritische Ereignisse in der Hochschullehre. Ein Beitrag zur Weiterentwicklung von Diversitätskompetenz. In: Die Hochschullehre, Jahrgang 5/2019, S. 115-134. http://www.hochschullehre.org/wp-content/files/die_hochschullehre_2019_Resch_Raschauer.pdf (zuletzt aufgerufen am 7.1.2022).

Reichmann, E.; Sievert, B. (2016): Lehr- und Lernpräferenzen kennen und nutzen: Persönlichkeitstypologie und Hochschuldidaktik. Bielefeld: Verlag beruf & leben.

Rheinländer, K. (Hrsg.) (2015): Ungleichheitssensible Hochschullehre. Positionen, Voraussetzungen, Perspektiven. München: Waxmann.

Richter, R. (2013): Vielfalt als Chance. Konstruktiver Umgang mit Heterogenität in Lehrveranstaltungen. Tübinger Beiträge zur Hochschuldidaktik. http://tobias-lib.uni-tuebingen.de/volltexte/2013/6876/ (zuletzt abgerufen am 7.1.2022).

Riemann, F. (2019): Grundformen der Angst. 45. Auflage. München: Ernst Reinhardt Verlag.

Risto, K. H. (2005): Konflikte lösen mit System. Mediation mit Methoden der Transaktionsanalyse. 2. Auflage. Paderborn: Junfermann.

Röhrig, P.; Scheinecker, M. (2019): Lösungsfokussiertes Konfliktmanagement in Organisationen. Methoden und Praxisbeispiele für Konfliktlösungen zwischen Einzelnen, in Teams und Organisationseinheiten. Bonn: managerSeminare.

Rosenberg, M. (2004): Konflikte lösen durch gewaltfreie Kommunikation. Freiburg / Basel / Wien: Herder Verlag.

Rubach, C. Lazarides, R. (2021): Emotionen in Schule und Unterricht. Bedingungen und Auswirkungen von Emotionen bei Lehrkräften und Lernenden. Opladen: Verlag Barbara Budrich.

Sammet, J.; Wolf, J. (2019): Vom Trainer zum agilen Lernbegleiter. So funktionier Lehren und Lernen in digitalen Zeiten. Wiesbaden: Springer.

Satir, V.; Bosch, M. (2018): Selbstwert und Kommunikation. Familientherapie für Berater und zur Selbsthilfe. Stuttgart: Klett.

Schachl, H. (2005): Was haben wir im Kopf. Berlin: Cornelsen.

Schmitt, L. (2019): Bestellt und nicht abgeholt. Soziale Ungleichheit und Habitus-Struktur-Konflikte im Studium. Wiesbaden: VS Verlag für Sozialwissenschaften.

Schneider, K.; Mustafić, M. (Hrsg.) (2015): Gute Hochschullehre. Eine evidenzbasierte Orientierungshilfe. Wie man Vorlesungen, Seminare und Projekte effektiv gestaltet. Berlin: Springer.

Scholkmann, A. (2021): Resistance to (digital) change. Individual systemic and learning-related perspectives. In: Ifenthaler, D.; Hofhues, S. u.a. (Hrsg.): Digital Transformation of learning Organizations. Berlin: Springer. https://doi.org/10.1007. 978-3-030-55878-9.13 (zuletzt abgerufen am 7.1.2022).

Schulz von Thun, F. (2010): Miteinander reden. Störungen und Klärungen. Allgemeine Psychologie der Kommunikation. Band 1. 48. Auflage. Reinbek: Rowohlt.

Schulze-Seeger, J. (2013): Schwarzer Gürtel für Trainer. Vom Meistern schwieriger Seminarsituationen. 2. Überarbeitete und erweiterte Auflage. Weinheim: Beltz.

Schumacher, E. (2017): Lehrgespräche initiieren – Diskussionen moderieren. Lehrende zwischen neutraler und Bezüge-herstellender Moderation. https://www.einfachlehren.tu-darmstadt.de/themensammlung/details_9920.de.jsp (zuletzt abgerufen am 7.1.2022).

Schumacher E. (2016): Vom Umgang mit Störungen in Lehrveranstaltungen. In: Interne Fortbildung und Beratung: Wissen was zählt. Ideen für die Lehre. Bochum, 2. überarbeitete und erweiterte Auflage, S. 80-83.

Schumacher, E. (2013): Wenn Ihnen das Leben eine Zitrone gibt, machen Sie Limonade daraus. In: Journal Hochschuldidaktik. Teaching Tips. Gute Lehre ist kein Glücksfall! 24. Jg., Nr. 1+2., Dortmund, S. 31-34.

Schumacher, E. (2011): Schwierige Situationen in der Lehre: Methoden der Kommunikation und Didaktik für die Lehrpraxis. Berlin: utb.

Spitzer, M. (2007): Wissen und Können. In: Spitzer, M.: Lernen. Gehirnforschung und die Schule des Lebens, München, Heidelberg, Elsevier: Spektrum Akademischer Verlag, S. 59-78.

Städeli, C; Pfiffner, M.; Sterel, S. (2019): Klassen führen mit Freude, Struktur und Gelassenheit. Bern: hep.

Stavemann, H. (2021): Frustkiller und Schweinehundbesieger: Geringe Frustrationstoleranz und Aufschieberitis loswerden. Weinheim: Beltz.

Stavemann, H. (2018): Im Gefühlsdschungel: Emotionale Krisen verstehen und bewältigen. Weinheim: Beltz.

Steffan, P.; Morfeld, C. (2020): Sprich es an. Rechtspopulistische Sprache radikal höflich entgegentreten. Eschborn: OTB-Verlag.

Streich, R. K. (2013): Fit for Leadership. Entwicklungsfelder zur Führungspersönlichkeit. Berlin: Springer.

Strittmatter-Haubold, V. (2004): Kognitive Landkarten – Optionen für nachhaltiges Lernen. In: B. Behrendt, H.-P. Voss & Johannes Wildt. Neues Handbuch Hochschullehre. Berlin: RaabeVerlag, G 3.4, S. 1-24.

Szepansky, W. P. (2010): Souverän Seminare leiten. Gruppenprozesse und Leitungsrolle. Bielefeld: Bertelsmann.

Titze, K.-O. (2012): Kollegiale Beratung. Problemlösungen gemeinsam entwickeln. 5. Auflage. Hamburg: rororo.

Von Hertel, A. (2013): Professionelle Konfliktlösung. Führen mit Mediationskompetenz. 3. Auflage. Frankfurt: Campus Verlag.

Watzlawick, P.; Beavin, J. H.; Jackson, D. D. (2011): Menschliche Kommunikation. Formen, Störungen, Paradoxien. Bern: Huber.

Wettstein, A.; Scherzinger, M.; Berger, F. (2018): Unterrichtsstörungen verstehen und wirksam vorbeugen. Stuttgart: Kohlhammer.

Weiand, A. (2021): Habitus und Hochschullehre – Ein notwendiges Handwerkszeug für die Praxis. In: Die neue Hochschule, 4/2021, S. 22-25.

Weidner, J. (2011): Die Peperoni-Strategie. So nutzen Sie Ihr Aggressionspotential konstruktiv. New York: Campus.

Wisniewski, B.; Zierer, K. (2018): Visible Feedback: Ein Leitfaden für erfolgreiches Unterrichtsfeedback, 2. Erweiterte Auflage. Hohengehren: Schneider.

Ylijoki, O.-H. (2001): Master Thesis Writing from a Narrative Approach. https://www.researchgate.net/publication/248963150_Master%27s_Thesis_Writing_from_a_Narrative_Approach (zuletzt abgerufen am 7.1.2022).

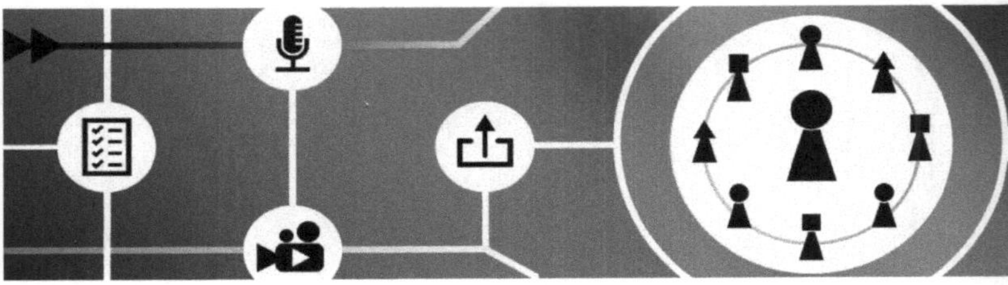